Keiba Aloof Best Theory Note

―競馬、孤高のセオリーノート―

本島　修司

総和社

まえがき

アメリカの作家、チャールズブコウスキーの著書に『ブコウスキーノート』という本がある。コラムや新聞媒体へ寄稿したものなどを、ゴチャ混ぜに詰め込んで、ブコウスキー自身のノート風にしたという一冊だ。

本書は、この本をモデルにした競馬本となっている。

ただ、『ブコウスキーノート』と違うのは、すべて書き下ろしであることだ。

この本には、３つのタイプのエッセイ原稿を、無秩序に詰め込んだ。

それは、以下のタイプの原稿だ。

・今、すぐに書き下ろすべきと思った、競馬のあらゆるシーンで役に立つ原稿
・最新の見立てが出来上がってしまったため、書き下ろさずにはいられなかった原稿
・書いたけれど、誰にも見せずにとっておいた〝ワケあり〟未発表原稿

本文のどの項目が、上記3点の中でどの原稿に該当するかは、あえて書かないが、それなりに想像がつくと思う。
ゴチャ混ぜのミックスで、脈絡がないぶん、どこから何が飛び出してくるかわからないが、楽しんでもらえればうれしく思う。

どれも、今の競馬を見る上で重要な視点ばかりだ。
特濃のセオリーやエッセイと共に、素敵な時間を過してほしい。

僕は真夜中に原稿を書く。
大きな玄雲の奥に、見え隠れしている、薄い三カ月の真下で。
夢追い人も、普通の人も、詐欺師も、クレーマーも、みんな眠っている。
今この世で生きているのは、俺と月くらい。
そんな時間の中で書いた。

本島修司

目次

Keiba Aloof Best Theory Note

―競馬、孤高のセオリーノート―

CHAPTER2 THEORY

CHAPTER3 BLOOD

CHAPTER4 RIDING

CHAPTER5 VOICE

あとがき

CHAPTER1 STYLE

■競馬場は、今、どこに

「競馬場はどこにありますか？」

横丁の裏路地で、へべレケのオジサンが言う。


「スマホの中にありますよ」

「いや、実際の競馬場はどこにある？」

「どこにあるかに、何の意味が？」


〝書斎でわかること、読み取れることで、競馬は十分に楽しめる〟

これは、長きに渡り僕が書き下ろしてきたことだ。

書いてきたこと、ではなく、書き下ろしてきたことである。

僕は、最初の一文字から、最後の一文字まで自分で実際に書いているという、競馬の本のジャンルでは、あまりおめにかかれないタイプの作家である。

そして、文筆家である「僕の競馬」は、いつも〝紙の中〟にあった。

そう、「本」の中にあった。

しかし、今、競馬は「スマホの中」にある。

スマホで買えるとなったとたんに、地方競馬の売り上げも上がった。

レースVTRも、スマホで見られる。

それは競馬の愉しみ方が手軽になったことを意味するが、同時に、もっと活動的な週末を過ごす中でも、競馬と馬券に参加できるようになったことを意味する。

いい時代だ。そして、僕向きの時代だ。

本書には、一流の競馬ファンのつくり方について書いている。

一流の競馬ファンとは何か。

答えを書いてしまうと、それは「週末は競馬以外にダイナミックな活動をしていて、競馬なんか見ている場合じゃない男のこと。

そして、週末の競馬の答えは、すでに木曜日か金曜日に出し終わっている男のこと。

ダイナミックに活動できる、「自分の場所」をつくれている男。

それが一流の〝競馬男〟だ。

昔流行った〝電車男〟じゃないよ。競馬男だ。

そして、ここからが面白いところなのだが、こうした一流の競馬男になることを、断固拒否しているような男たちは〝馬券に弱い〟という現実がある。

一歩ずつでいい、小さな一歩でいい、一流の競馬男になる行動を取らなければいけない。


あなたの競馬の世界は、そしてあなたにとっての競馬場は、今、どこにありますか？

リアル（競馬場）か。

スマホ（液晶画面）か。

紙の中（競馬本）か。

こんな時代の競馬のやり方と、競馬を自分のライフスタイルにどう取り入れていけばいいかという指針を、常に見つめ直そう。

■そもそも論で競馬とは何か、そして競馬本とは何か

戦いの日々だった。靡き葉のような君たちが得意げに舞う、この場所で。

先日、ゲスト出演したラジオ『ホープサインの終わらない歌』で、こんな話をした。

「俺の20代は、競馬本の世界での戦いの日々だったからなぁ」

僕は、予想を売ってくれというオファーを断り続けて、まもなく20年になる。

この業界には、予想家だけでなく、普通に評論をしている人や、僕の様に競馬論を書く文筆家にも、その手の依頼は多いのだ。

競馬という媒体が、ギャンブルで収益を上げているスポーツである以上、仕方がないことなのかもしれないけれど。

だが、物書きである以上、見解コラムしか書かない。いつもそう思ってきた。

そうこうしていると、頑固だねぇ。と、よく言われるようになった。

それはそうだろう。

ここは、頑固じゃなければ「はい、競馬予想売りへどうぞ」というジャンルの業界なのだから。頑固に仕事を断る、ということをしていない人の方が、どうかしている。

そう、僕にはそれが、「競馬本ってこうだよね」っていう、決まりきった退屈な風潮に、何も疑うこともせず、ただ靡いている、枯葉のように見えていた。

次の二行を、本書の自己紹介代わりとしたい。


わかるか。どうかしているのは、僕じゃなくて、君たちだ。

君たちなんだよ。

■固執しない男が、最強

2017年のある夜。東京にいた。

お世話になっている人たちのもとを、グルグルと回っていた。

最終日。人形町にある、ラ ブーシュリー グートンというレストランで、自分に課した、数日間の東京遠征のミッションをやり遂げた満足感に浸っていた。

今、多くの業界で、「男の固執しない力」の重要度は増しており、何かに固執してしがみついている者が、負けていく仕組みになっている。

男は、すぐに固執する悪癖があるからだ。

逆に、自分が作り上げたもの、自分が築きあげたものに固執せず、さっさと次を作れる能力がある男は、いついかなる時も、生き残る。

物、と書いたが、正確には「モノ」だ。人も含めた、モノ。

捨てるために、動ける男が勝つ。

男に必要なことは、丁寧に何かを終える力ではない。次から次へ成し遂げていく力だ。

爆動力だ。

丁寧さは、ソコソコに。はい次、はい次、というテンポで何かを生産することだ。

固執していない男である条件。それは2つある。

いついかなる時も、電話やＬＩＮＥで、四六時中、誰かと連絡を取り、行動への布石を敷いている男
そもそも、今日、もしくは明日、どこにいるのか不明な男
これだけだ。

東京から、北海道への帰りの移動中、ＬＩＮＥが入る。

「今、どこ？」

「東京」

「そうか、お世話になってきた方々に会いに？」

「いや、今、ただいたい所に、いるために。」


東京駅。電車から降りてくる、生気のない男たちが見えた。

その群れとすれ違った時に、心の中で文章が浮かんだ。

それは、いつか本になるであろう、「愛」と呼べるエール。

人影は、街路樹が放つ光の渦の向こう側へ消えていく。

夜の喧騒。ヘッドフォンの中。ザ・ハイロウズのデビューアルバムに入っている、デビューアルバムとは思えぬタイトルの『グッドバイ』が、大きな音で鳴り始めていた。

まるで、何かを断ち切るように。

夜の中を潜り抜ける時、小さな固執、それさえも、自分自身に許さぬように。

そしてイヤフォンのＢＧＭは、『ミサイルマン』へと切り替わる。
まるで、何かが始まるように。
まるで、わがままを通す男のように。

■一流の〝競馬男〟の定義

「一流の競馬男」とは何か。そこを定義したい。

『一流の競馬男は、木曜日は金曜日の夜に、競馬の見解をまとめ終わっている。そして、週末には、スマホで馬券購入は済ませており、競馬以外のことをしている。競馬以外のコミュニティを持ち、そこで遊んだり、人と語ったことを、その後、競馬にも活かすようにしている。』

『二流の競馬男は、ダラダラ、ダラダラ、見解をまとめるのに無駄な時間を使う。そして週末はテレビの前で競馬を見てウダウダし、何も進歩せず、何も生み出さない。』

一流の競馬男になるため、自分を変えようと行動する男を、「一流の二軍」と呼ぶ。「いいもーん、二流だもーん」と意固地に凝り固まる男を、二流以下の「粗大ごみ予備軍」と呼ぶ。僕はそう考えている。


ん、週末は競馬場へ行くという選択肢はないの？

そう思う人も、いるかもしれない。

競馬場は、ごくたまに行くだけでいいと思う。

多くても、月に1回とか。もしくは、年に2～3回とか。


男の人生に必要なことは、活動力だ。〝攻めっぱなし〟で生きる姿勢。

この本は競馬書籍なので、先に念を押しておきたいが、間違ってもそれは「馬券をたくさん買う」とか、「競馬でたくさん遊ぶ」という意味ではない。

むしろ、〝競馬馬鹿〟になってはいけない。

シンプルに、ただそれだけ、わかれば大丈夫だ。

コト・モノ・ヒトをバンバン手に入れ、自分中心のコミュニティを作り、競馬以外でダイナミックに活動すること。

最終的にそれが、競馬に強い男の条件になる。

■多動性の中での競馬

行動せよ、と言うと、どこか新しい場所へ出かけることかと勘違いする男が多い。
行動と専門性のある活動とは、違うのだ。
だが、僕の言う行動は、多くのジャンルで活動的であることだ。
旅をたくさんすることではない。
家でウダウダしていなければ、形はなんでもよい。
秘密基地。そう、男には、秘密基地のような場所さえあればいい。

たとえば、僕など、わりと旅嫌い。
大自然なども嫌いだ。
田舎の生まれなぶん、都会好き。なので、札幌か東京に移動すれば、それでいい。

普段の暮らしでは、事務所で好きな原稿を書くか、卓球スクールの運営で体育館にいるか、あとは、好きなカフェかイタリアンにでもいれば、それで満足。

一点滞在型だ。その一点滞在型の行動の中で、専門性と多動性を出せばいい。

そうやって多くのプロジェクトを動かすことが、行動的である、ということだ。


2018年、2月17日。

この日は、卓球スクールで指導の日だった。

体育館に入ると、まずはスマホで、ダイヤモンドSに出てくるフェイムゲームの単複を買う。

木曜日に決めた見解を遂行しただけだ。正味、5分。

夕方、4時になると卓球の休憩時間があり、一人、選手の群れから離れ、休憩場所にてJRAの公式HPで、レース動画を見る。

「今日はフェイムゲームが生まれ変わる日」。

そう呟いて、ボタンを押す。

スタートから、終始、折り合いはスムーズのようだ。

ダイヤモンドSはリピートが決まる。「型」通りだ。

8歳だが、問題ない。セン馬は9歳までという「型」がある。

58キロ。大丈夫。優秀な牡馬の斤量は59キロまでという「型」がある。

そして――。

北村宏司、降板。

鞍上、ルメール。

鞍上レベルが、天と地の差だ。これで〝変われる〟。

レースでは、4角を回る時の姿が、これまでのフェイムゲームとは違い、〝絶景〟だった。

道中。進出のタイミング。追い出し。

何もかもが、ドンピシャの競馬となった。

そのまま真一文字に伸びていくフェイムゲームを見届けて、動画を消し、僕は体育館へ戻った。

■「馬単位」とは、「本命」を持たないこと

これまでに僕が提唱してきた『馬単位』という競馬スタイル。

これを、簡単におさらいしておこう。

『一般的な「この馬、どのレースでくるかな」ではなく、「この馬、どのレースなら来るかな」という視点で、横の比較から、縦の比較へ、競馬のやり方を切り替えること』

以上。これが「馬単位」だ。

『待っているレースに、待っていた馬が出てきたら、それを単複で買うだけで、他はいっさい買わない』というシンプルなものである。

馬単位のせいで（おかげで）、僕には『本命馬』というものがいない。

本命とは、何頭かの中から選ぶことを指す。

僕は横の比較をしないので、何頭かの中から選ぶ、という行為をしない。

だから『本命』はいない。


恋愛と同じだ。

本命がいる、ということは、対抗がいるということで、それ以外にも2～3人いる、ということになる。

僕はこの状態をあまり格好いいと思えないのだ。

格好いいか悪いかで言えば、格好悪いことだ。

いちいち、一人に真剣な方がいいな、と思う。


あなたは「いちいち、一人に真剣」だろうか。

「いちいち、1頭に真剣」だろうか。

いちいち、真剣になること――。それは、とても面倒くさいことでもある。

だが、面倒なぶん、気品もある。気高さもある。

一人に、１頭に、真剣になれる方に行け。

面倒な方に行け。

あなたは、面倒な方に行け。

■大切なことは「習慣」

根本を解決しなさい。そんな話をする。
本書で、最も大事な項目となる。ここだけ読んでいれば大丈夫なくらいだ。
人を変えるのは、習慣を変えること、である。
人の悪い部分を正すのも、習慣を変えることである。
一回や二回の単発の行動ではない。
そんなものは誤魔化し。つまり「誤魔化し」をするな、ということだ。
仕事を例にすると、することがなくて何かひとつの仕事を入れてみたフリーター、毎日これをやるというルーティンを手に入れた正社員や準社員。

どちらが『人生の問題解決』になっているか。


馬券も同じ。より良い見解作りや、馬券で買うために待つ馬の見立て方を、習慣化することによって、一喜一憂せず、まったく乱れなくなる。


ちなみに僕は、馬券において「予想の反省」という作業をしない。

馬券の導き出し方は、ほぼルーティン化しているので、ルーティンのチェックポイントに、微妙な修正を加えたりするだけだ。

競馬予想は、もう何年もしたことがない。

すべきことは、ルーティン的な「チェック」だ。

崇高で、気高い、そんなルーティンチェックだ。

競馬予想をしないおかげで、馬券がけっこうよく当たる。

■サーズデーサイレンス

競馬物書きをやっていて、ちょっぴり腹が立つのは、専門家への敬意が払われないところだ。騎手のコメントなどより軽んじられるところなどは、特に心外と言える。

騎手のコメントなんか、ほとんど役に立たない。

こちら側（解析・分析）は、本来、騎手に教えてあげる立場なのだ。

もちろん、軽んじられているのは、本物の洞察力を持った物書きが少ないという、その「こちら側」の問題もあるわけだが。

それでも、僕などはおかしいと思う。

少なくとも僕は、騎手よりは、次にその馬がどこで走るか、半年～1年後、どんな馬に結実していくか、見抜いていると思うが。

僕は20代の頃、「予想家」という人種があまり好きではなかった。

それはハッキリと、トゥーマッチモンキービジネス（インチキ商売）の香りを感じとっていたからだが、大人になってからというもの、そういう気持ちはあまりなくなった。


この業界にいると、有名な予想家と顔を合わす機会もある。

その担当編集者と話すこともある。

すると、次のようなことが、必ず話に上るからだ。

「木曜日は○○さんには話かけることもできないんですよ」


へぇー！と思った。

僕もそうだから（そうだったから）だ。


木曜日というのは、ＪＲＡのホームページでで、夕方に出馬表が出る日である。

つまり、本気で競馬の研究・分析・解析、見解作り、ならびに予想などをやっている者にとっては、キッレキレの集中タイムに入るからだ。

僕は今では、スポーツと動物行動学をもとに考えたセオリーが完成してしまっているから、月曜日の見直し3時間、木曜日の待っていた馬チェック3時間しか、やらない。

しかし、若いころ、20代の日々は、もう毎日5時間以上のペースで、レースVTRで一挙一動までチェック、過去の膨大な例を掘り起こしてパターン化、という研究をしていて、近寄りがたいを通り越し、誰も近寄れなかったからだ。

いつもピリピリしていた。

周囲には迷惑をかけたと、とても反省している。

今はその基盤があるから、ピリピリはあまりしないが、それでも木曜日に取る3時間ほどの見解チェックは、とても大切なのだ。

話を戻すと、数多いる予想家と呼ばれる人たちも、見抜きの実力があるかどうかはともかく、そうやってストイックに突き詰める時間を、ちゃんと持っているのだという。

それがわかってからは、「何もかもの予想家嫌い」ではなくなった。

今は予想詐欺本などより、騎手の太鼓持ち記事書きのライターなどを毛嫌いしてしまっているが、どんな人が書いているのかもわからないし、そういった類は周囲の編集者もあまり相手にしていない様子で笑っているようだから、正直、どうでもいい。

サーズデーサイレンス。

沈黙の木曜日。

サンデーサイレンスに敬意を払って表現すれば、そんな感じだろうか。

近寄りがたき木曜日に、乾杯。

意外と（?）みんなマジメにストイックだそうで、驚きました。

僕の場合は愛称的に「孤高の木曜日」ということにでもなるのだろうか。

■「知っている」と「わかっている」の違いが、競馬力の源

「知っている」のと、「わかっている」のは違う。

今の世の中では、「知っている」ことは役に立たない。


知識は、ググればいいだけだ。

だが、「わかる」ということ、理解しきって自分の血肉にするということは、そのことと向き合った経験と、細やかなことを見抜ける感性がなければいけない。

当然のことながら、「わかっている人」の方が、ランクとしては上である。


僕が文章で読み手を〝煽る〟ために使うフレーズに「我々ファンは」という言葉がある。

「我々」には、年齢や性別を超えた、〝わかっている者〟という意味が込められている。

そもそも、僕は「我々」という言葉が嫌いで、仮に「我々」という言葉を使うのであれば、年代や性別で括って使ったりしない。

理解できる感性がある人同士が、「我々」と使えばいいのだ。

では、競馬において、「知っている人」と「わかっている人」の違いは何か。

ただ単に知識だけを「知っている人」は、会話が以下のようになる。

「騎手コメントを読んだら、藤岡康ね、1角でつまずいたんだってさ、それで後方からに切り替えたんだって、そのまま外を回したら届かないと思って、馬群に突っ込むことにしたんだって、だから結果的に、あぁいう上手い立ち回りにつながったんだって。」

こうなる。

藤岡康太騎手のコメントを基にした、実際にされたことがある発言だが、申し訳ないが、何もわかっていない発言である。

では、このケースで、手前味噌ながら、僕（わかっている側）の発言はどうか。

「藤岡康は、馬群を掻き分けて進出していく『癖』と『型』がある。1角で、出遅れ、出して行くサジ加減に甘さ、挟まれる不利などがあって後手を引いた場合、特にダート戦においては、リスクを取ってあえて馬群の中を挽回していくような〝リカバリー〟を見せる。そしてそれは、だいたい、それほど派手に詰まることなく、なかなか絶妙。1角の入りを見た時点で、馬群の中をすり抜けてきて、残り3～5頭を射程圏内で直線へという、この4角の形になることは、わかっていた。騎手本人が、意識的にやっているか、無意識のうちにやっているかは、知らない。だけど、だいたいそうなる。」

わかるだろうか。

競馬の世界では、「その騎手ができること、できないこと」を見抜けているかどうかで、「ただ知っている人」なのか、「わかっている人なのか」が、けっこうわかる。

ただ「知っているだけの人」は、騎手の歴史と勝敗でも語るしかない。

〝分析的にはわかっていない〟からだ。

レース前に「この騎手、上手く乗るとしたらこんな乗り方になる、下手に乗るとしたら、こんな乗り方になる、そして今回はどんな形で直線へ向いてくるかを言い当てられる人」が、競馬をわかっていることの、ひとつの証としてみてほしい

競馬を知的推理ゲームのようにして楽しむ分析者は、「知っている」ではなく、「わかっている」ことが重要。

このあたりから、その人の「競馬を見る目」の、何もかもが透けて見える。

知ることではない。わかることだ。

■「現代の勝ち方」の流儀

ある日のこと。卓球の用具を買いに、スポーツショップへ向かった。

そこは、僕が生まれた町に昔からある、いわゆる、田舎の小さな総合スポーツショップだ。

生き残っているのが不思議なくらいだ。

きっと田舎のスポーツショップは、学校のまとめ買いなどで、生き残っているのだろう。


卓球用具の価格というのは、だいたい、相場が決まっている。

正規の価格から、二割引いてくれるのが通常の慣わしだ。

今はネットショップもあるから、そちらで買えばもっと安いのだが、生まれ育った街のスポーツショップが健在だとうれしいなと思い、こちらで買ってみることに。

ただ、行ってみると、価格がヘン。高いのだ。すぐに、店長と札のついた男に交渉。

「卓球チームで、用具をひと通り買うから、他の所と同じ価格にまでは値引きしてほしいのですけど」

「そう言われてもね、店舗ごとに仕入れ値が違うから、他店舗と同じ額までとかの値引きできませんよ」

とのこと。

「いや、えっと、卓球用品って、だいたい一律の割引額なんですが……」とまで言ってみる。すると。

「いや、だから、そういうのは店舗ごとで違うから」とのこと。

購入中止。このオジサンが一番勘違いしているのは、基本的に、卓球用具というのは、店舗ごとでは値引き額に大きな差はないということ。

それすら知らないのか、もしくは知っていてもその値引き額にも合わせないのか。

それはわからない。わからないが、高い。

そして、もうひとつ問題点が。

「店舗ごと、店舗ごと」とバカの一つ覚えのように繰り返しているが、実際には、店舗ごとの仕入れの値段は、多少のメーカーとの繋がりによって違いはあれど、大きくは変わらないはず。

値段が大きく違うとすれば、それは、店舗を持たないネットショップである。


僕の見た目のせいなのか、〝なんかそこら辺のネットの価格でも見てきた若いヤッだろ、こっちの仕入れ値の価格も知らないでよ〟、といった態度だった。

別に、そう言われたわけではないけれど。


これでは、このスポーツショップは生き残れない。生き残る資格もない。

例えるなら、5円で仕入れた駄菓子を、普通は15円で売っているのに、ウチは50円だからと言い張っているような商売の仕方だ。

街の小さなスポーツショップが、生き残れないと言っているのではない。

当然の基準値を知り、そして、自分たちに求められている価値を知ること。

そんな当たり前のことをキチンとやっているお店は生き残る。

スポーツ用品のリアル店舗の付加価値って、突き詰めると、人柄だから。


店舗を持たずに人件費も抑えるネットショップに、価格で勝てなくなった今、街のショップに求められているのは、初心者をも受け入れる『安心感』なのだ。

「ウチはこうこうこうこういう理由で、この価格になってしまうんです」と言ってくれれば、そこで丁寧な商品説明などもできれば、卓球初心者などは、買ってくれると思う。

なにより、卓球にはラバーという道具があり、「定期的に張り替える」うえに「ラバーを綺麗に自分で切って貼るのは慣れていないとけっこう難しい」もので、ショップへの特需はある。


しかし、僕が今回行ったような情弱（情報弱者）相手の、この手の殿様商売は、これからどの業界でも滅びていく。

それは、1000円のクイックカットや、プラージュのような大型チェーン店が台頭した今、街の床屋さんが大苦戦しているのと同じ原理だ。

次項では、生き残っている床屋さんの話を書く。

帰宅後。僕は、このスポーツショップではもう買わないようにと、中高生たちに連絡を回した。

■若者たちの勝ち方の流儀

ところが、だ。

その高校生たちに、こう返信をされた。

「街のスポーツショップで買うという発想が、そもそもないので……」

彼らは、ネットショップか、もしくは都心の大手卓球ショップでしか用具は買ったことがないという。

卓球用品を例にすると、すごくわかりやすいが、基本的に卓球用具というのは、全メーカーが二割引き、数年前から、テナジーという人気ラバーを有するバタフライという会社の商品だけが、一割引きという基準のスポーツ用品店（リアル店舗）が多い。

必ずしもその値引き、というわけではないが、この価格帯が基準。

つまり、卓球をやっている少年は、基本、用具を買うとなれば、とりあえず20%オフだろう?という概念がある。

前項で書いた、田舎のスポーツショップの店長様は、この商品はウチでは7%引き、この商品はウチでは3%引きと、商品ごとの値引き（しかも高い）しかしていなかった。

話を戻すと、卓球商品の多くは、二割引き。

ここを価格破壊したのが、店舗を持たないネットショップで、僕はあまり使わないがアマゾンは商品ごとの値引き（ただし二割引き以上のものが多いようだ）をしているらしい。

そして、彗星のごとく現れた、ジャスポという名のネットショップがある。

ジャスポは本当に安い。

店舗も人件費もないからだろうが、通常二割引きの商品が30%〜35%オフで売られている。送料は高い気がするが、まとめ買いすれば、その送料も無料だ。

何の本だかわからなくなると困る。

なので、ここでは、生き残っている床屋さんの話も書きたい。

今度は床屋の話か！？って？

違う。競馬に繋がる話。

昔ながらの床屋さんというのは、髭剃り、シャンプー、さらには耳かきまで、いろいろとセット販売の方式で、それに何の疑いも持たなかった人々を相手に、一人3000円〜5000円くらいの価格で、成り立ってきた。

だが、前述したようにクイックカットやプラージュのようなお手軽で、激安、もしくは、まぁまぁ安、など、合理化したお店が登場。一気に苦しくなった。

美容室は別として、いわゆる「床屋さん」などは、かなり厳しい業態となった。

ただし、どちらの例にも「言えること」は、共通しているのだ。

それは「合理化させる余地を誤魔化しながら突き進んできたこと」だ。

そして、その職種の本質と向き合った仕事をしてこなかったこと。

今、世の中のスピード感覚はとてつもなく上がり、〝物事のちょうどいい速度〟というのを見失っている。

だから僕は、速度を戻すような、原点回帰的な仕事ぶりも、必要だと思っている。いや、需要が増すとすら思っている。

たとえば、札幌では、のんびり感のさらに上を行くような、超のんびり感を演出する、ハンモックカフェなども流行った。

だが、あまりに無防備に〝無駄を売っていた業界〟には、必ず失墜の時がくる。


あなたは、競馬場まで馬券を買いに行ったりしていないだろうか。

あなたは、場外馬券場まで馬券を買いにいったりしていないだろうか。

なぜ？

それは、今、スマホひとつで間に合うことだ。

行く理由があるならいい。

それがまっとうな理由ならば、だ。

世界のスーパースター、クリストフ・スミヨンが来る、だから競馬場へ行こう、というのならいい。

だが、何の思慮もなく行われる時間の無駄な行動は、あなたの人生に、もっともっと他にできることがあるのでは？と語りかけてこないか？

複勝だけでいいのに、３連単とか買っていないか？

よく見てみることだ。

競馬には無駄がいっぱいだぞ。

ＪＲＡが巨額の費用をかけたＪＲＡ競馬学校。あの、無駄で不必要な身内のお城は、あなたの馬券代で成り立ってはいないか？


田舎のスポーツショップで、妙な価格設定を突きつけられた、10分後。

僕はチームの、用具担当の高校生に連絡。ＬＩＮＥグループで情報をシェアし、ボール以外に、ちょうど買い替えるタイミングの者を集め、送料を無料にしてから、ジャスポでそれらを購入。

断を下す存在（僕）を、何十人もがクロスオーバーしながら、30分後には、あのスポーツショップはダメだという情報の共有と、ボール、その他の用具の購入が終わっていた。

僕は、粋な無駄なら歓迎する。

だが、意義なき無駄には付き合わない。

粋で楽しい無駄に人が集まり、凝り固まった〝習慣への執着〟という意義なき無駄から、人は離れていく。

それが現代の掟。そしてそれが、現代の勝ち方だ。

僕はよく、「競馬は多くの人にとって、別なコンテンツの楽しさに負けている」と説いている。

1頭に一人の騎手が乗り続けた方がいいなどという、凝り固まった妙な思想・信念が、逆に多くの若者を競馬から遠ざけていることに、競馬ドップリ人間は気が付いていない。

意義なき無駄。

1頭に一騎手など、その最たる例なのだ。

そのことは、本書を最後まで読めばわかる。

■多くの世界で活躍できる男は、競馬に強い

僕は、競馬に関してアドバイスを欲している人間が身近にいる時、まずここを見る。

〝この人は、競馬以外にどんな趣味を持っているのか〟

この一点だけを集中して見る。

「趣味が仕事」、みたいな人はそれでもいいが、とにかく、なんでもいいから、競馬以外に得意としているもの、人と語る場を持っている者に惹かれる。

競馬しかない人は、競馬に強くなる下地がない

控除率20％・還元率80％の土俵で「競馬だけが楽しみで、率先して競馬で遊びたが

っている人」など、勝てる余地がない

2017年、紫苑S。

カリビアンゴールドの単複を買った。

土曜日は札幌の街に遊びに行っていたので、スターバックスのソファーでレースVTRを見た。2着だった。

いつも通り、木曜日にセッティングした見解を、家を出る前に買っておいただけだ。人気なども無視。どうでもいい。

だが、意外と人気がなく、6番人気だったようで、複勝は300円。常に複勝メインなので、あぶく銭が3倍となった。カリビアンゴールドは出来のいい馬だ。

そのままススキノで、卓球チームの仲間と飲んでいたので、他のレースのことは知らないし、興味がない。(日曜日の夜か、月曜日に、まとめてレースVTRを見る。)

日曜日は、京成杯AHに出てくるダノンプラチナを待っていて、これを買う予定だったが、ザ石だそうで、直前で出走取り消しになってしまった。

ということで、この時点で週末の競馬はハイ、シューリョー。

日曜日は、ビジネス書の原稿の執筆に専念した。（当然、競馬中継などは見ていない。）

こうして「競馬と距離をとれる人」は、そもそも「人間関係の距離の取り方」も上手い。

妻や恋人と四六時中一緒にいるような気持ち悪い姿など見せない。

距離の取り方が上手いと、会話の仕方からも気持ち悪さが抜けて、人と会う機会ができ、趣味も広がっていく。

これが、「競馬の見解を生み出す力は、競馬以外の能力が求められる所以」だ

俺は競馬だけやって遊んでいたいんだぜー！という人には、本書は向いていない。

週末の競馬だけが唯一の楽しみなんだぜー！という人にも、本書は向いていない。

ざんねんだが、そういう人には、教えられることは何もなく、ひとつだけあるとすれば、競馬以外のことで、人と語る場に出向き、違う趣味を持ちなさいということだ

け。

まず、競馬以外の人と語り、競馬以外のことをやること。すると競馬に強くなる。

いや、様々なシーンで勝負強くなる。

■必然とは「道理にかなっていること」

「必然と偶然の差って何？」

これをよく聞かれるが、ひと言では言い表せられない。

だが、たとえば。

リリーノーブル。

白菊賞勝ち馬は、阪神ＪＦでは10年も上位に絡んでいない、と言われていた。

しかし、これはただのデータ。

ただのジンクス。

必然かどうかの判断に、「データ」や「ジンクス」は、まったく関係ない。

阪神JFは、1400m以下から勝ち上がってきた馬より、1600m以上で勝ち上がってきた馬の方が強い。

それは、中距離の方がレベルが高いから。そして、馬は距離を伸ばしていくより、短縮していく方が〝やりやすい〟から。つまり、理にかなって、阪神JFは〝そうなっている〟。


だから、この10年、僕はファンタジーSの勝ち馬を無視してきた。

赤松賞、デイリー杯2歳S、札幌2歳Sの勝ち馬に注目してきた。

そして現に、ファンタジーS馬は人気を背負って負けることが多く、赤松賞や札幌2歳Sからは会心の一撃で好走を繰り出す馬が、けっこういた。

しかしだ。

この道理で行くと――。

同じ1600mの500万、白菊賞の勝ち馬が阪神JFで全然通用していないのはおかしいことになる。

そう、おかしいのだ。

通用していないことは、必然的ではない。

逆に言うと、「いつ通用してもおかしくない」と思っていた。

過去にも、ラシンティランテというアグネスタキオン産駒は、ズバリ、通用すると思った。

だが、結果的に、意外と強くはなく、通用しなかった。

その時に……。

「やっぱり白菊賞馬はダメなんだな」と思うのが、データ派や、ジンクス派。

「いや、走らないほうがおかしいんだ、無敗レベルで勝ち上がってきた、モノがいい馬なら通用する、絶対に」と待つのが必然派だ。

■「上質」な競馬男とは何か

２０１７年末。地元の北海道で、卓球スクールを開校した。

実は、２０１５年から、卓球のクラブチームを作って、高校生を鍛えて楽しく遊んでいたのだが、ありがたいことに集まってくる人が増えすぎた。

国体予選の優勝者を出してしまったこともあり、集まっている子供たちが体育館に入りきらなくなってきた。

それを機に、初心者たちだけを切り離し、初心者部門をスクール化したのだ。

一流の競馬ファン、という意味においても、普段は土曜日スクールの運営で競馬を見ている場合ではなく、日曜日のみで済むのがいい。

土曜日に練習がない日は、札幌市内の街でカフェとイタリアンの会を開いて、日曜日は卓球の大会で、チームの選手の活躍を見ているという流れを作れて、とても心地よい。
その上で、夕方、スマホでレースＶＴＲを押すと、仕込んでおいた馬がきちんと好走してくれている、みたいな週末。いいね。

男が、幸せに、人生の一分一秒を最後まで輝きながら生きるには、３つのことが必要だ。

・人に教えられる、専門的なことがあること
・プロレベルの評論と呼べるほど（プロでなくてもＯＫ）深く語れる、突き詰めていることがあること
・とにかく、行動的であること

そしてこの３つは、こうも置き換えられる。

・教えてほしいと言ってくれる後進が、一定数いること
・深く突き詰めていることが、他人から見てマニアックすぎてどうでもいいことではないこと
・行動を共にする仲間がいること

小さなことでもいいだろう。

それこそ、〝町内会レベル〟でもいいと思う。誰にも笑う権利はない。

何もしていないと笑われてしまうが、規模が小さくて笑われることはない。


僕は今、作家養成教室も開講している。

習い事教室としては、まずまず受講生はいるし、その受講生の中からすでに執筆の仕事を得た者や、取材の仕事を始めた者もいる。小規模だが、わりと成立している。

大きさは関係なく、教える側も、教わる側も、けっこう充実している。

こういうのは年齢に関わらず、できること。

ただ、そうするには、人に教えられる専門的なことがあることが必要。

評論するほど、深く語れる、突き詰めていることがあること。

行動すること。

やはり、この3つが必須となるわけだ。


余談だが、今、男の習い事教室は大盛況。

僕が作家養成教室で講師をしている〝習い事ビル〟では、その数、100を超える習い事がビッシリ。

講師の最中、右隣の部屋からお爺さんのオカリナ教室の音が聞こえ、左隣の部屋からはパソコン教室のキーボードの音が聞こえる。活動力がある男が多い。


話を戻すと、男が専門性を持たなければいけない理由は、「男は教えたがり」というところに起因する。

そう、「すべての男は教えたがり」である。

しかし、教えるには条件があって、何かを突き詰めていることと、教えてほしいと言ってくれる人で溢れかえっていることが必須。

これだけ。これだけで、男の人生は満たされ、上質で幸せになる。

その、自分が「教えられること」や、「誰かに教われるコミュニティにいること」の中のひとつとして、競馬というジャンルも持ち合わせていれば、人生はなお面白くなる。

CHAPTER2 THEORY

■「その後、買ってはいけない馬」がわかるレースとは

その後に買ってはいけない馬が一気に判明するレース、というのがある。

それは、ズバリ「走らなければいけない馬がたくさん出てくる」レースだ。

もう少し深く突っ込んで書くと、走れるはずのパターンの馬が、たくさん出てきているレース。

強いオープン馬が、どんな時によく走るのかは、これまでも著書にたくさん書いてきたが、ここでは、「走らなければいけない馬が多数カブッて出てきてしまったレース」の一例をご紹介したい。

そう、こういうレースで、走れるはずなのに走れなかった馬がいわゆる脱落馬で、「その後、買ってはいけない馬」だとわかるということ。

一気に判明するのが、いいところだ。

では、見ていこう。

2018年、セントライト記念。

僕が待っていた馬が、なんと7頭出てきた。

こんなに待っていた馬（走れるパターンの馬）が出てくるレースは、本当に珍しい。

1頭ずつ、どう待っていたか、結果はどうだったか、解説しよう。

先に書いておくと、この中から単複を買ったのは、本島オフィスから発信するnoteというアプリのコラム『イギーをポップにする週末』の、レース週に書いた通り、レイエンダだった。

・ジェネラーレウーノ（1着）

ダービー帰りで、自身の格的に走れる復帰戦のG2。好走必至。

・レイエンダ（2着）

秋の3歳トライアルは、夏の1000万クラスを勝ち負けしてきた馬が強い。

この馬は、1000万を正攻法で、圧勝して決めてきた。ここでも戦えそう。

・グレイル（3着）

ダービーからの復帰戦で、走れるパターン。G2なら。右回りのG2〜G3あたりがよさそうな馬で、ここなら見劣りしない。

・オウケンムーン（5着）

ダービーからの復帰戦で、G2。走れるパターン。ややマニアックな、オウケンブルースリ産駒だが、共同通信杯を勝っているようにG3前後の格ならやれそう。不安点は、鞍上・北村宏。

・コズミックフォース（7着）

ダービー3着馬の復帰戦がG2。間違いなく走れるパターン。ここでもし走れなかったら、おかしい。ダービーはマグレだったということになる。

・ギベオン（13着）
NHKマイルC2着馬の復帰戦が、G2。個人的には毎日杯（2着）だけで買っている馬だが、今回は間違いなく走れるパターン。走れなかったら、何かがおかしいということ。

・ダブルフラット（14着）
夏に1000万クラスを2着に頑張ってきた、マンハッタンカフェ産駒。秋の3歳トライアルなら通用してもいいパターン。人気はないが、レース巧者なぶん、先行して流れがハマれば、やれそう。

その他。

・タニノフランケル（12着）
僕は狙っていなかったが、夏の1000万クラスを勝ってきた馬で、秋の3歳トライアルでは通用するパターンではある。
ただ、ウオッカの息子ながら、父はフランケル。

僕は種牡馬としてのフランケルを疑っている。そのため、好走パターンの1頭ながら、ここを負けることでフランケル産駒の性能&日本の芝適性を、さらに確かめたいと思っていた1頭。

さて、「結果と着順」、そして「レース後の見解」はどうなったか。順に書いていこう。

・ジェネラーレウーノ
予定通り好走。出来すぎなくらいで、1着。今後もOKな馬。

・レイエンダ
見込み通りの勝ち負け。今後もOKな馬。

・グレイル
不振脱出。やはりG2くらいなら通用。右回りがいいかもしれない。今後もOKな馬。

・オウケンムーン

流れたレースの中、流れ込んだだけだが、5着。G3なら。今後も一応OKな馬。

・コズミックフォース

まさかの7着。どうしたことか。ダービー3着はマグレだったか。今後はしばしNG。

・ギベオン

まさかの大敗。性能か、それとも、成長不足か。NHKマイルC2着はミルコの好騎乗もあった。今後はNGな馬。

・ダブルフラット

結果論だが、通用しなかった。条件戦からやり直していく段階で、今後は強くなるまでNGな馬。

・タニノフランケル

逃げて自分の競馬をしていたが、やはり沈没。案の定、今後も過信はできない1頭。

単に着順が悪い馬を「今後はNG」と言っているわけではない。今回走れるパターンだったのにダメだった馬がいれば、今後はNGとしていく、ということだ。

たとえば、このレースには、ブレステイキングという馬が出てきて、堀厩舎でミルコ騎乗もあり2番人気だったが、500万クラスを勝ったばかりの馬だったこともあり、僕は厳しい1戦になると見ていた。

結果は4着。

2番人気で4着なら、一見すると物足りないが、3歳秋のトライアルを走れるパターンである「1000万クラス以上から」ではなかったのに、4着だ。

僕に言わせると、これならまぁまぁ素質が高いのだろうなという見立てになり、これは人気を裏切ったとはいえ、今後の成長次第で楽しみということになるわけだ。

■たとえば、こんな函館スプリントSの負けやすい馬

1年前の函館2歳の好走馬が「来そうで、来ない」レース。

それが函館スプリントSだ。


1年前に函館2歳Sを勝ち負けくらいまで持っていってしまっていると、まったく同じ舞台のG3レースである函館スプリントSでは、なんとなく、「好走しそう」に見える。

見えるが、簡単ではない。

成功例と、ダメだった例を見てみよう。


クリスマス。

これは成功例だ。

２０１３年　函館２歳Ｓ・１着　↓　一年後　２０１４年　函館スプリントＳ・３着

まさに、「函館巧者ぶり」と「ギリギリなんとか成長はしましたという程度の成長力」は見せつけた格好だ。

その後、この馬にはＴＶｈ杯・１着という成績がある。

とにかく、このコースが合うのだ。

だが、その後もう一度函館スプリントＳに出て、13着。これは、牝馬ということもあり、旬の時期が終わっていた感じ。

サダムブルースカイ。

これが、問題の「失敗例」なのだ。

２００１年　函館２歳Ｓ・１着　↓　一年後　２００２年　函館スプリントＳ・５着。

買ってはいないが（この年はタイキトレジャーの単複を買っていたため）、この時、僕も好走すると思っていた。

そしてここが重要なのだが……。

〝どちらかというと、函館スプリントSではサダムブルースカイのような例の方が多い〟

そうやすやすと好走しない理由は、「実はイメージほど函館が得意ではなかった」か「一年前は完成度で戦っており、早熟で一年後にはもう終わっていた」か。

そのどちらかだろう。

そう、早熟のサダムブルースカイでは、厳しかったのだ。

そしてこの話は、北九州記念へと続く。

■たとえば、こんな北九州記念の勝ち方

一方、小倉芝1200mのG3、「小倉2歳Sと北九州記念」も、やはり同じような関係性を持っている。これを知っているだろうか。

アルーリングボイス
2005年　小倉2歳S・1着　↓　二年後　2007年　北九州記念・2着

素晴らしい。

二年後に、成長して、同じ舞台「小倉芝1200mのG3」で、再び勝ち負けをしたということになる。

この馬の場合、小倉2歳Sの後に、ききょうSとファンタジーSを勝って、4連勝

で阪神ＪＦまで駒を進めた馬、ということもある。もともと実力があったのだ。
こういう馬の復調パターンなら、注目。

問題は、次だ。

デグラーティア
２００８年　小倉２歳Ｓ・１着　↓　二年後　２０１０年　北九州記念・５着

このデグラーティアの場合、２０１０年は、小倉の１６００万で復活の勝利をあげているわけで、「Ｇ３の北九州記念では、やや成長力不足だった」ということ。
僕はこの馬を評価していて、勝った１６００万のレースも、負けた北九州記念も単複を買っていたが、１勝１敗だった。

以下、こんな面白い例もある。

ベルカント
小倉2歳S・2着↓　北九州記念は3回走って、6着・1着・2着
エピセアローム
小倉2歳S・1着　↓　北九州記念は2回走って、3着・7着

小倉2歳Sの方は、函館2歳Sの方と違い、あえて成功例の方を多く載せた。

だが、このパターン。「メチャクチャ来そうで、なかなか来ない」ということだけは、覚えておいて損はない。

もともと、実力があった馬なのか。

そして、完成度だけで戦っていたとしたら、今の成長した姿はどうなのか。

そこをよく見て、見極めたい。

■リセットレース ―再出発力―

２０１８年のキーンランドＣで、４番人気、ダノンスマッシュの単複を買った。

結果は、２着に粘ってくれる好走。

このダノンスマッシュは、ＮＨＫマイルＣ路線に参戦し、Ｇ１の壁に跳ね返されて、１６００万から再出発の形で、その１６００万のレースを圧勝してきての、キーンランドＣ参戦だった。

僕はその１６００万でも買っていたので、２戦連続で、このダノンスマッシュに勝たせてもらったことになる。


別な例も出そう。

夏の１６００万、五稜郭Ｓで、マイスタイルという馬を買った。

しかし、そこを勝ってくれたにも関わらず、札幌記念では買わなかった。

理由は、「別定G2だったから」。

いくらリセットをして勢いがついていても、格で跳ね返されると思ったからだ。G3とは違う。

一度、G1戦線に入り込み、G1で頭打ちになって、条件戦で「すべてをリセットする」かのようにして這い上がってくる馬には「再出発力」がある。

この2つの例を見てもわかるように、リセットして勢いにのったぶん、上でも通用しやすくなってくる。

リセットレースが1600万なら普通に勝ち切ってくればいいが、1000万クラスだとなるべく、1馬身以上離す、圧勝が望ましい。その方が勢いをぶつけられるからだ。

さらに基本として、「G3まで」は再出発力の勢いで乗り切ることができ、「別定G2からその上の格」では、再出発力の勢いでは通用しにくいという、線引きをしておくといい。

再出発した馬の、走り時が見えてくるはずだ。

■コメントに固執するな　―前例がないことと、理にかなっていないことの違い―

２０１７年、皐月賞。

共同通信杯馬のスワーヴリチャードを買った。

結果は６着。

見込み違いだったのはざんねんだが、乗り方も、激流を乗り切る悪くない好ライディングで、楽しませてもらった。

結果、ここで、このサウスポーの「右回りのレース」を僕は見切った。

右回りは無理だと。

そして、秋のアルゼンチン共和国杯まで待って、再度狙うことになった。

さて、このレース。
なんと、牝馬のファンディーナが出ていて、一番人気だった。
これ、なんだか〝ふって湧いて出てきた〟様な馬だった。
こんなもの、負けるのが見えていたような駒だ。
牝馬が中距離G1で牡馬と闘う時に必要なのは『圧倒的な能力』ではない。
圧倒的な能力を牡馬相手も解き放てる『精神力』だ。
そしてそれは、調教ではわからないのだ。
絶対に。
レースで初めてわかる。

このケースは、馬主側からのオーダーでの出走だったのかもしれないが、そういえば、この高野という調教師、かつてショウナンパンドラでジャパンカップを勝つ直前に、「牝馬の方が脚が遅かったら、肉食動物に牝馬だけが食べられてしまう、だから牝馬は牡馬と対等に戦えるのだ」といった意味合いの、不可思議な持論を展開していた。

自然界の定理の話？

これは、自然界であれば、脚の速さどうこうではなく、追いかけられないように隠れていればいいじゃないか、というだけで解決する。

そういうメスだっているだろう。

誤解しないでほしいのは、この高野という元ノーザンファームで働いていたという調教師、僕は、それなりに腕が立つと評価している。


このレースでは、もう1頭、「前例のない不可思議な事」をやった馬がいた。

レイデオロだ。

大きなケガもなく、ホープフルS→皐月賞ぶっつけを調教師が好んで（いるような様子で）やるなんて、どうかしている。


調教師が、その方がいいと言う?.?

結果、良くなかったじゃないか。

スワーヴリチャードは、この年の暮れに有馬記念に出走。陣営は「今は右回りOK」。

日ごろ分析をしている僕に言わせると、手前を替えるウンヌン、慣れウンヌンで、この手のスーパーサウスポーは、基本的にはサウスポーのまま。かつて、ツルマルボーイが教えてくれたことだ。結果、やはり、良くなかったじゃないか。

「前例のないことはしてはいけないというのか?」と思うかもしれない。

違う。前例のないことに挑むのはいい。

理にかなっていないことをするのがダメなだけだ

競馬は、理にかなっていないことをすると、ちゃんと失敗するという、まっとうな競技だというだけだ

■視点は「上」か「横」から見る、「下」から見てはいけない

競馬を見る時の視点は、常に、「上」か「横」だ。

わかりやすく言うと、競馬を一つのジオラマとして見た場合、下から見ると、それが凄いもののように見える。

遠くから見ているものは、大きく見えてしまう。

だが、近くから見ると、それほどのことではない。


下からの目線で見ると、凄いものに見えてしまう。

だが、上や横からの目線で見ると、ただの分析しやすいものに見える。

抽象的だが、そういうことなのだ。

本書では、『競馬は型（セオリー）のクロスオーバー』ということと、『その型を日ごろから磨くこと』、そして『型を磨くための目は別ジャンルでの活動から』ということを説いている。

ここでは、精神論となるが、抽象的な〝目線〟の話をしておこうと思った。
JRAという大きな組織だからといって、下から見てはいけない。
対等に横から見ることだ。
もしくは、上から見下ろしてみること。

お客さんが、食べログで☆を付ける時代。
患者が、名医を選ぶ時代。

何も恐れることはない。
正しい見解ができ、正しい勝ち方がわかれば、ブログやSNSでそれを発信するのもいいだろう。あなたの見解に、多くの人が付いてくるようになるはずだ。

上から、俯瞰せよ。

■「意味がないこと」を知れ

以前、雑誌で、吉田照哉さんが、配合とかより、いい母馬にいい種牡馬を付けるだけだからといった内容の発言をしていたのを目にしたことがある。

これを断固、支持する。

レースや馬券で見るのも、配合より、種牡馬自体の適性だ。

たとえば、キタサンブラックは「単にブラックタイド産駒」なだけだ。

「母父サクラバクシンオーと決めつける奴はいかん!」という言葉が、まるで決めつけていた人が悪いかのように飛び交っていたが、そもそも「ブラックタイド産駒には、別に母父関係ないし」という話である。

キタサンブラックの母父は、サクラバクシンオーでも、タイキシャトルでも、性能や適性は別に変らないだろう、ということ。単に個体が素晴らしい馬だからだ。

ただ、リアルシャダイとかだと、ちょっと違うか。

それは……「リアルシャダイが母父として影響を及ぼすほど個性的な能力伝達種牡馬だから」である。

こういうのは、リアルシャダイとブラッシンググルームくらいを覚えておけば大丈夫かなと思う。そして、この2種牡馬が母父という馬は、もうほとんどいない。

現時点で、日本で活躍する、『母父の影響を強く出す種牡馬』は、僕の見たところ、サンデーサイレンス、ディープインパクト、ロージズインメイ。

これだけに注意すればいいと思う。

現役のサンデーサイレンス産駒はいなくなってきた。

なので、現代では、実質、ディープインパクト産駒と、ロージズインメイ産駒だけということになる。

それ以外は、配合や母父には妙に影響されない方がいい。

■競馬における合理的な場に立て

常に、業界の「合理的な場」と「合理的なやり方」に目を向けておいてほしい。

競馬は『牧場が馬を売る』→『買った馬主が優勝と賞金を目指す』→『調教師が育てる』→『騎手が騎乗依頼を受けて戦う』→『それを見てファンが馬券を賭ける』という仕組みになっている。

この中で今、最も微妙な立場になっているのが調教師で、ほんの一部の優秀な調教師（たとえば堀師、石坂師）などを除けば、あとは大牧場からの指令を待ち、それを遂行するだけといった状況だと耳にする機会が増えた。

騎手も、ＪＲＡのガッコウ騎手はほぼ必要なく、外国人騎手と地方競馬で才能の篩にかけられてきた者が強いと、もうハッキリしている。

ＪＲＡの〝中〟にいる人たちは、確かに賃金に恵まれており、合理的に稼ぎやすい。だが、調教師や騎手は、これまでのような〝ウハウハ〟状態ではなくなっていくと思う。

プロ野球で言うと2軍に当たるような下位の騎手が「年収２０００万円くらいです」と答えるような馬鹿げた現実は根強いが、それでも、多くの外国人騎手がこのジャパニーズドリームに気が付いたぶん、昔よりは競争が激しくなってくる。

では、現代の競馬では〝どこ〟が合理的に強いか。

イチ、勝てる馬券だけ選んで買う能力がある、馬券購入者。

ニ、理想的なお買い物能力がある馬主と、一口馬主。

一見すると、〝カネを使うだけのお客さん〟とされてきた両者だが、この2者の中で「上手くやっている者」は、合理的に勝つことができると思う。

上手くやっている者、とは何か。

ひと言で言うと『余計な買い物をしない者』である。

徹底した合理主義者にはならなくてもいい。

だが、無駄ばかりの競馬界においては、「もうちょっとだけ合理的にできないか？」

と考えるだけで、簡単に、様々な勝ち方ができる。それを模索することだ。

■センン馬とは何者か

『セン馬とは何者か』。

あなたはわかるだろうか。

多くの競馬論本を執筆してきたが、セン馬について「どう線引きすればいいか」を説くのは、今回が初めてかもしれない。

つい最近、『セン馬は本当に長持ちするのか』の研究をしたので、その成果と線引きを、ここで披露したい。

結論から書くと、セン馬は長持ち『する』。

僕は、オープン馬を見る時、仮にその馬が晩成型で、しかもG2~G3ダラダラ型だとしても、明け8歳で一度様子見をするようにしている。

晩成型は、見切りをつける時が難しいが、8歳でガタッとくるパターンが、かなり多いのだ。

ネヴァブション。エアシェイディ。シャドウゲイト。

この辺りを、明け8歳から疑った。

中でもシャドウゲイトは、明け8歳からいきなりゲートが下手になった印象があった（完全に足腰にキテいる証拠）。

こういう例が多いのだ。

ましてや、G1だと、8歳馬はメチャクチャ買いにくくなる。

つまり、7歳までだ。

タップダンスシチーが頑張れたのも、カネヒキリが頑張れたのも、アサクサデンエンが頑張れたのも「G1だと、7歳まで」。

ところが、8歳になってもG1で頑張れてしまった好例も、いる。

ブリッシュラック。ウルトラファンタジー。

そう、セン馬大国・香港が誇る、短距離セン馬たちである。

セン馬であれば、頂点を極めし舞台、G1でも走れる馬がいる。

では、日本のセン馬はどうか。


古くは、マーベラスクラウンやレガシーワールドの名前が出てくる。

最近だと、こういう馬たち。

トウカイポイント。レッドデイヴィス。

ファタモルガーナ。スピリタス。カレンミロティック。ライブコンサート。


レッドデイヴィスはアグネスタキオン産駒の早熟なので、ここではちょっと除く。

トウカイポイントは、G1制覇後にケガで引退してしまった。


では、残りはどうか。

ライブコンサートは7歳でも好走し、ファタモルガーナは8歳でも好走、スピリタスにいたっては8歳、そしてなんと9歳でも好走している。

ファタモルガーナのように、3000m超えを好むステイヤーならわかる。

セン馬でなくとも、トウカイトリックのような〝特殊技能〟の競技として、10歳でステイヤーズSを勝った伝説の馬もいるほど、高齢馬が活躍しやすいからだ。

しかし、スピリタスはどうだろう。

決め手がありそうで、まったくなく、正直に言って僕は全く評価をしていない馬ではあったが、1600~1800mという王道中距離のオープン特別を、9歳で勝ち負けしている。これを「セン馬になったおかげ」と言わずして、何のおかげと言おうか。

普通の晩成型オープン馬は、明け8歳で、いったん様子見。

セン馬の晩成型オープン馬は、明け8歳シーズンも狙ってみて、明け9歳でいったん様子見。

セン馬王国・香港の刺客ならば、7歳セン馬でもG1で狙いが立つ、稀に8歳でもOK。

この3点を、セン馬の扱い方の線引きのまとめとしたい。

■牝馬と牡馬で比べるべきは、『スピード』ではなく『精神力』

〝草食動物は、肉食動物から逃げて生きてきた、だから男も女もスピードは変わらない、牝馬の方だけ遅かったら、絶滅してしまうから。〟

2015年、ジャパンカップの週に、こういった摩訶不思議な意味合いの発言をした調教師がいた。前出した話だが、ショウナンパンドラの高野という調教師だ。

ご存知の通り、そのジャパンカップはこの牝馬、ショウナンパンドラが優勝したため、この発言は、ひとつの説得力があったと言えなくもない。

すべての哺乳類は男の方が強い、牝馬は牡馬にハンデをもらわなければ勝てない

僕が、こういった観点の一口馬主論を、『競馬 勝つための洞察力』という本に書いてから、少し後のことである。

牡馬の方が強いのが当然の基本、という見解に呼応するかのような、反対意見であった。


さて、では、牝馬は牡馬と楽々「対等に戦える」のか？

結論から書こう。

戦えない

僕が見たところ、高野調教師が言うように、スピードと言う観点では、牝馬が牡馬に見劣りすることは、それほどない。

闘う戦士、競走する選手として〝見劣り〟するのは『スピード』という要素ではな

く『精神力』である

わかるだろうか。

だから、距離が短い（牡馬と共に走る時間が短い）１６００ｍのＧ１なら、牝馬が牡馬混合でもけっこう走るし、１２００ｍのＧ１だと牝馬のチャンピオンがボッコボコ出やすいのである。

２０００ｍ、２４００ｍの王道、チャンピオンディスタンスのＧ１で牡馬相手に勝てる牝馬は、数千頭の中のほんのひと握り。

例外的な牝馬を見ると、対等のように見えているだけである。

３０００ｍ超えのＧ１、天皇賞春で、牝馬が毎年勝ち負けを演じるようにでもなったなら、僕も考えを（観点を）改めるが。

かつて僕は、こんな見解を放ったことがある。

「もはや、距離が合っている、合っていないの問題ではない、男の子と一緒に走る時間が単に短いことで、精神的苦痛の時間が短く、解放され、今回は好走する可能性がある」

一番人気の有馬記念では、「牡馬初対戦の3歳牝馬、惨敗まである」としてブッタ切った無敗のファインモーションが、その後も、牡馬相手の極限舞台であるG1ではダメダメなレースを続け、今度は1600mのG1・マイルCSに矛先を向けてきた時の見解である。

懐かしいね。

そして彼女は好走した。

僕の見たところ、牡馬と牝馬の違いは「精神面の問題」だけなので、こうなる。

一度、牡馬G1で上位進出した馬は、ずっと対等に戦える。

二度、三度、牡馬G1でダメだった馬は、慣れが見込めず、ずっとダメな、ザ・女の子。

たった数回の牡馬対戦で、サッと対応できたショウナンパンドラは、精神面がなかなか優秀だったのだろう。

だからと言って、牝馬が牡馬と対等というのは違う。

世界のサラブレッドが進化する中で、怪物的な牝馬が少し増えただけ。

それが本質だろう。

もし、それが本質と違うというのなら、「ハンデなどいらない、私も男子の部で出場する、男女平等、ムッキー！」という、今風の、『自立』と『男女平等』を履き違えた女たちのように、牡馬と同じ58キロを背負って出場してみたらどうか。

対等に走れる根源が「絶滅しない理由」ならば、同斤量でなければ、矛盾している。

現実にはそれはできないが、それで勝てるのはウオッカ（バケモノ）くらいだろう。

新進気鋭の高野調教師については、不思議な持論を持つ人という印象をもった。

ぜひ、これからも手持ちのG1牝馬を、スピードが対等なのだから乗り切れると言い切って、ドンドン、日本ダービーあたりにぶつけてほしいものだ。

先日、友人に、こんなことを言われた。

「そんなこと言うなら、ショウナンパンドラの馬券で証明すりゃいいじゃん」

一理ある。

僕は、自分の見抜きを馬券に反映させることで、ファンに競馬力を見せ、競馬書籍を書いてきた作家だからだ。

だが、そのジャパンカップでは、しっかりと、3着ラブリーデイの単複（複勝80％）を一本で買っていたのだから、ショウナンパンドラがどうこう言われる必要もないだろう。


とはいえ、近いうちに、高野厩舎の別な新作牝馬が牡馬混合G1に出てきた時にでも、また馬券で証明できればいいかなと思い、とても楽しみにしている。

むろん、その証明方法は、高野厩舎の牝馬が惨敗しているのを横目に見ながら、強い牡馬で圧勝をする方の単複かもしれないけどね。

■休み明けは有利

日本競馬では、長い事、間違いの風習を続けてきた。

まるで、思考停止状態のままで――。


世の中には、「バカじゃないの?」のひと言で終わるようなことすらも、そのままにしてきてしまった、ということが、けっこうたくさんある。

ある老舗寿司店は、卵焼きを作らせてもらえるまでに10年修行をするという。

大切な人生、ちょっと突き詰めれば1~2年でマスターできるようなことに、10年もかけてはいけない。


競馬だと、これと同じくらいバカなのが、競馬学校と、その取り巻きの支持ライターということになる。

競馬学校とやらは、世界的一流騎手を輩出できず、無意味に見えるが、今でもなぜか存在している。

牧場と馬は、さっさと世界の一流になったのに、世界的5流騎手を延々と輩出する機関。

いるの？これ？という話だ。

競馬学校の中を見たことがあるのか？と言われるかもしれない。

ないよ。

中より、システムがヘンという話だし、輩出する騎手を見たら、中なんて見るまでもない。

さて、競馬にはもうひとつ、「風習に疑問符を持たなかった結果、間違えた視点として定着してしまった」ということがある。それは……。

休み明けは不利。

どこの変人が最初に言い出したのか知らないが、リフレッシュされて疲れが取れた馬が走らない道理はない。

「適度な休み明け」は有利だ。

当たり前だ。

たとえば、毎日王冠。

僕は、テレグノシスやバランスオブゲーム、ローエングリンの複勝をバンバン買ってきた。そして彼らは皆、休み明けで好走してくれた。

彼らは疲れを取ってきたのだから、走って当然だった。

しかも、彼らが休み明け前に出ていたのは、頂点を決める極限のペースのG1レースだったのだ。

G1↓リフレッシュ明け↓G2かG3

こんなに有利なパターンは、なかなかない。

これで凡走したら、その馬の性能自体に問題があるということだ。


僕の見抜きでは、休んでいて久々のレースで不利になるのは『妙なハイペースに巻き込まれてスタミナ切れ』と『重馬場』の二つだけ。

前者は、「久しぶりの激しい運動だから」で、後者は人間で言うと「せっかくの銭湯帰りに泥水かぶったような気分」といったところか。

逆に言うと、マイナス要因はこれくらいしかない。


リフレッシュ明けと、理由ある休養明けを一緒にしてはけない。

ケガで休んでいた場合。

骨折明けや、屈腱炎明けは、マイナスどころか、絶対に静観したい。

馬は、自分が治っているかどうかわからないから、加減して走ってしまうからだ。

余談だが、喉の疾患の手術明けは余裕で爆走することが多々あるので買っていい。ダイワメジャー、シーキングザパールがそうだった。

この場合、脚と違って、馬自身、苦しくないことの判断が付きやすいからだ。動物行動学的に、理に適っている。


このように「リフレッシュ明け」と「ケガ明け」はまるで話が違う。

最近は、ノーザンファームの吉田勝己代表や、ノーザンファーム天栄の場長などが、休み明けはもう不利ではないという発言をしてくれて、ようやく浸透してきつつある。

原理的にもともと有利なうえ、調教技術の進歩で、なおさら有利になった、というところだろう。


2003年、天皇賞秋。

僕は、王者シンボリクリスエスの単複と、シンボリクリスエス・ツルマルボーイのワイドを一点で、大きな勝負をしていた。

レース前、友人が、こう聞いてきた。

「2頭とも休み明けだけど、大丈夫かな?」

「休み明けだから、大丈夫じゃないかな」

そう答えた僕は、ブエナビスタの天皇賞秋も、ジェンティルドンナの天皇賞秋も、ぶっつけで問題なく買っている。

風習に疑問を持って、休み明けは有利だと、13年以上前から気がついている

CHAPTER3 BLOOD

■追ってからを見る種牡馬、追うまでを見る種牡馬

キングカメハメハ
ハーツクライ
マンハッタンカフェ
ハービンジャー

この区分。何が違うか、わかるだろうか。
どんな点に注目して2つに分けているか、わかるだろうか。
それは、産駒たちの性能・将来性を予測する際に、『追い出すまでの姿』を見るべ

きか、『追ってからの姿』を見るべきか、だ。

キングカメハメハ産駒、ハーツクライ産駒は、追ってからどれくらい伸びるかで将来性を計ってはいけない。

直線へ向くまでの、素軽さで見ればいいのだ。

具体的に言うと、〝持ったまま〟直線まで来る産駒には注目。

ハーツクライ産駒の場合、成長すれば勝手に伸びるようになるし、キングカメハメハ産駒の場合、末脚の強烈さはそれほどではなくても、長い時間伸びるようになる。

それが、本格化前のジャスタウェイだったんだよ。

本格化前の、ドゥラメンテだったんだよ。


一方で、追わせるタイプ、少しくらいズブさがあってもいい種牡馬というのもいる。

それが、現在では、マンハッタンカフェとハービンジャーなど。

追って追って追ってでもいいから、「ちゃんとエンジンが点火するのかどうか」で見なければいけない。たとえば——。

2016年、京成杯ウィーク。

愛知杯のアースライズの単複を買った。

1000万のレースを打ち抜くような末脚で這い上がってきたのを見て、オープン再転入後の一戦をと思い、待っていた。


当たり前だが、牝馬重賞は難しい。

ここも自信はなかった。しかし。

アースライズは、マンハッタンカフェの牝馬
マンハッタンカフェ産駒は「末脚の質」で見るのがよく、これは『追って味がある方のマンハッタンカフェ』と判断した

騎手は川須。さんざん「型のない騎手」と書き記してきた川須。

G3を乗り切れるかは微妙。騎乗にはあまり期待せずの単複だった。

レースは、スタートから、中団の馬群で流れに乗る競馬を選択。流れに乗れており、自分で意図して取った位置にも見える。問題は捌けるかどうかだけ。

直線は、バッチリ捌いて積極的に早めの仕掛けで、勝ちに行く競馬で、おお！と思わず声が出てしまった。3着。

ここでは川須も予想外に上手かったが、これは、マンハッタンカフェ産駒の良いところが全部出ているようなアースライズが、追えば追うだけ伸びたからこその3着。

マンハッタンカフェやハービンジャーでは、追って追って追うと凄い脚を持っている馬の方に注目。伸び方を見なければいけない。

かつては、サッカーボーイ産駒などもそうだった。

ヒシミラクルなど、追いっぱなしだった。

いずれにしても、「追うまでを見るか」「追ってからを見るか」。その視点を持っておくだけで目が肥えて、種牡馬と産駒の見方が、まるで違ってくる。

■すっかり〝ハービンジャー使い〟

困った。ハービンジャー産駒で勝ちすぎている。
勝ちすぎているというか、相性が良すぎて困っている。

2018年、クイーンS、ディアドラ。1着。
2018年、新潟記念、ブラストワンピース。1着。
2018年、京成杯AH、ヒーズインラブ。着外。

以上。僕がハービンジャー産駒の馬券を買ったのは、2019年9月現在、この3回だけ。つまり、現在この種牡馬の子では、3戦2勝ということになる。
このまま全勝で行くわけはないが、それでも、この好相性は続きそうに思う。

なぜこういった付き合い方になったかというと……。

・〝こなれる〟のを待ち、産駒3年目あたりまで関わっていない
・この種牡馬の特性は、ブライアンズタイム似だと暴いてから買いに転じた

この2つのやり方がよかった。

初年度のハービンジャーなど、2勝目もない産駒が多かったし、まったく買えたシロモノ」ではなかった。そこを徹底無視。ロカとか無視。

社台がワークホースを欧州へ帰したが、こちらは日本に残したのを見て、〝こなれて〟くるのを待っていたわけだ。今ではすっかり優良種牡馬。

よく、「ハービンジャーは速い上りは大丈夫ですか？」と質問を受ける。

答えよう。

そもそも、上りタイムで見ない方がいいのだ。

速い上りはあまり得意ではないと思う。たとえば、新潟の芝と、札幌の洋芝なら、札幌の洋芝の方が合っているとは思う。

だが、僕は新潟でも札幌でも買っているわけだ。

この種牡馬の子はコースで見ないこと、と、別な著書に書いたのだが、コースだけでなく、上りタイムがどうこうでも、見ないほうがいい。無視だ。

要するに、「今が旬の時期かどうか」。

そして、「2018年からは普通の優良種牡馬と同じ扱いに切り替える」。

これだけの種牡馬だ。

■ノヴェリスト問題

ノヴェリスト。小説家という名を持つ、ドイツのチャンピオンだ。ということで、血統的には、重たすぎて誰もが困っている。

一口馬主界隈でも、名繁殖牝馬にノヴェリストが付けば、価格は安くなり、大抽選となるはずの馬も買いやすくなっている、という状況。

ハービンジャーは〝こなれるまで待つという待ち方〟をしていた僕だが、ノヴェリストについて、今、どう思っているのかを記そうと思う。

そもそも、ブレイク期を待っていない

これだ。

正直、2~3年で産駒がこなれてきても、ブレイクする予感がない。

仕上がり自体は早く、新馬戦から勝ち切る産駒もいる。

だが、そのぶん、イメージが湧くような〝叩いて、叩いて、手が付けられなくなるような上昇気流〟を描く馬は出てこない。

もし買うとしたら、現状ではダート馬かなぁという印象だ。

僕が「ワンペース走法の種牡馬」であるシンボリクリスエスやダイワメジャーの産駒は、ほとんどダート馬しか買っていない、あのやり方だ。

結論。〝こなれない〟ような気がする。

あまり期待せず、ダート馬の良駒が出てきたら……と思いつつ、見守ろう。

■トーセンブライト産駒を上手に「使う」法

ブライアンズタイム産駒のダート馬だった、トーセンブライト。

地味だ。

正直、大した実績もない馬だが、よく種牡馬になったなという印象がある。

しかし、種牡馬としてけっこう結果が出ているのだから面白い。

血統的には、トーセンブライトは「ブライアンズタイム×母父ジェイドロバリー」ということで、コテコテのダート馬だ。

現役時代は、中央では函館ダート1700mのマリーンSを、リピートして、連覇。

交流重賞では、園田の交流G3、兵庫ゴールドトロフィーを、リピートして、連覇。

ハッキリ言って、大した実績ではない。

普通のダートのオープン馬だった。

しかし、以上の実績の中から、覚えておきたいことが2つ浮き彫りになってくる。

現役中に、リピートランを2発決めたこと。

これは「気性が安定している馬」だった証明。

ダート1700mという特殊なコースが合い、凄く上手だったということ。


さて、では、産駒たちはどうか。

代表産駒はハイランドピークだ。

500万では、案の定、函館ダート1700mを勝った。

そしてマリーンSは2着。そのまま、エルムSを勝ってしまった。

北海道のダート1700mは、巧者も巧者、超得意という感じだ。

小粒だが、ワンパーセントという馬も、2018年秋の段階で、福島ダート1700mで2勝。

もう、書くまでもないだろう。

おそらく父似で、気性が素直。

買ってみていい産駒が多い。そして……。

ダート１７００ｍという特殊なコースが、ピタリと合い、得意としているということだ。

■アドマイヤムーン産駒の、馬券的な「これから」

ここに来て、「使える種牡馬」になってきた1頭。
それがアドマイヤムーンだ。
アドマヤムーンの基本的な見方は、「壁がある」こと。
オープン特別とG3で壁がある。よって――。

G3までいけない産駒が多数

G1で壁がある。よって――。

強い良駒でも、G1でズルズル

こういう現象があった。

要するに産駒は「弱めなスプリンター」だった。

強そうに見えても昇級のG3で軽視、強そうに見えても昇級のG1で軽視、ということに凝ることで、上手い付き合い方ができていた。


しかし、2018年。

最良駒のファインニードルが、「シルクロードS圧勝の勢いを高松宮記念にぶつける」というセオリーを見事に遂行し、G1を勝ち切った姿を見て思った。

変わってきていると。

さらには、ワンスインナムーンという馬が、朱鷺Sを「①→①」という形で、リピートランを決めたのを見て、思った。

良くなってきていると。

ムーンクエイクの京王杯SCの勝ち方、というより、クラスの壁の突き破り方も、凄くよかった。

では、ここから先は、どう付き合うか。

僕としては、『良質スプリンターの宝庫』になるような気がしている。

クラスに壁がある産駒と、クラスに壁がない産駒を見極めること。そこさえ間違えなければ、買っていい馬が続々出てくると思う。

いずれにしても、これまでのイメージを払拭している。

注目だ。

そして、買いだ。

■スクリーンヒーローの掘り下げ方

モーリス、ゴールドアクターの大ブレイクがあった。

その年に種付けされた世代が、そろそろお目見えする頃だ。

繁殖牝馬の質、量、共に、一気に上がっている世代が、ここから続々と出てくるわけで、楽しみは大きい。


今一度、スクリーンヒーロー産駒の特徴を復習しておきたい。

・レースが上手く、とにかくレース巧者
・成長力抜群
・中山が合う

それから1600mや2000mなど、G1が行われる、いわゆる「根幹距離」で強いのも特徴だ。

中山芝2500mでゴールドアクターが強いし、ジェネラーレウーノは2200mのセントライト記念を勝っているから、「根幹距離血統」というイメージは持てないかもしれない。

そう、根幹距離血統、と言っているわけではない。

単に……。

2000mピタリで強い。

こう思うのだ。

モーリスは、マイルからの距離延長なら、1800mより2000mの方が良いような気がしないだろうか？

ジェネラーレウーノは2000mでも2200mでも強いが、G1でも会心の一撃のような走りを繰り出せたのは、芝2000mの皐月賞（3着）だったはず。

・単にレースが上手いため、中山が合う
・芝2000mピタリという距離が、その走りとピタリと合う

この2点を覚えておいてほしい。

G1なら、皐月賞と天皇賞秋。それから、京成杯や弥生賞、完成度さえあれば、ホープフルSも、いいね。

■ナカヤマフェスタ産駒の本質は「○○馬」

難しい。

このひと言に尽きると思う。困っている人も多いと思う。

そう、ナカヤマフェスタ産駒の走るパターンについてだ。

ガンコ。ヴォージュ。

まぁ、主にこの2頭なのだが、この2頭が時々大爆発するから、みんな参っていると思う。

ガンコにいたっては、日経賞まで勝ってしまっただけに。

なんとなく、見ていると……。次のような時に走っているように見えるだけに、難しさは倍増する。

気が向いた時。

そう、いかにもナカヤマフェスタ産駒らしいところだが、なんとなく、気が向いた時に爆走しているだけで、なんかパターンや決まり事があるようには見えない。

ここがミソと言えば、ミソだ。

エクセレントミスズという馬を見てもそうだが、芝の長めの距離でスーッと先行して、周囲に馬があまりいないような展開で、いきなり目を覚まして快勝する。

このあたりは、やはり「気が向いた時」という感じがする。

ガンコも逃げ・先行で勝つ。もしくは4角では好位の外目。

ヴォージュもわりと先行で勝つ。

揉まれるとダメ。

こういう一面はあるのかもしれない。
本質的に言うと……。

生粋の「逃げ馬」ではなくても、「逃げ馬っぽい馬」が多い

この辺りにヒントがありそうだ。
そう、揉まれないレース。つまり。

小頭数レースで、先行できそうな時に注目

■ところで、フランケルは最強なのか

種牡馬、フランケル。

2世代を見た感想から、現時点での断を下そう。

正直なところ、僕はこの種牡馬を……。

世間がいうほど強烈な高評価はしていない

2016～2017年あたりには、「ソウルスターリングが出た、だから、怪物の娘はやっぱり怪物だ」といった論調は溢れた。

だが、僕は桜花賞でこの馬の単複を持ちながら、こう呟いていた。

「この戦績、このローテ、この型、このパターン、負けるとしたフランケルだから

だ、そして、なんか負けそうな気がする」
ギリギリ3着で、馬券的にはラッキーだったが、やはり負けてしまった。

現時点では……。

ガリレオ産駒の、〝ちょっと日本の芝への順応がマシなバージョン〟の産駒たち
日本の馬場に噛み合ったサドラー系、オペラハウスの「スケールアップバージョン・マイラー」

これが特徴だと思っている。
パワーはある。
しかし、キレ不足だ。
これから産駒がドカドカ来日するだろう。
特に、先を見据えて（繁殖用の意味も込めて）、牝馬の産駒は増えそうだ。
フランケルは世界最強馬なだけに、母系の質もよい馬ばかり。数の有利さで活躍馬の数自体は、まだまだ増えていくだろう。活躍は約束されている。しかし――。

「フランケル産駒だから、肝心なレースで切れ負けするかもね」という視点だけは持っておいた方がいい。そしてこの視点が、まだ日本には不足している。

要するに〝ブランディングされたオペラハウス〟のような感じ。

過剰人気馬も多い。

怪しげな過剰人気馬が出てくれれば、さっさと見切ることだ。ひっつくな。

ちなみに。僕はフランケル産駒を、これまでに、ソウルスターリングの桜花賞（3着）しか買ったことがない。

そして、このレースで、直線、追い出した直後に、わかった。

追い出した1秒後に断を下した。

「あ、フランケルはダメだ」

追い出した瞬間の反応、伸び方の質、それらが僕にはオペラハウス産駒がレース中にネタ切れになった瞬間、もしくは、普通のガリレオ産駒のように見えたのだ。

フランケルの父であるガリレオの産駒は、徹底的に日本の芝には合わずにいる歴史がある。

少なくとも、産駒登場から3年後の今、フランケルもその気配はある。

あなたは、シグナライズとか、買っていないだろうか？

ウオッカの娘のフランケル産駒とか、買っていないだろうか？

その、Frankelと書かれた横文字が醸し出す特別感に、騙されたことはないだろうか？

モズアスコットは、安田記念を完勝した。上がりも33・3。キレ負けどころか、キレ味で勝った。まだ数少ない産駒の中から、この勝利は素晴らしいものだ。

ただ、ファン側の視点として、この一撃だけを器用に待つのは難しかったはず。フランケルに固執しすぎた人は、ソウルスターリングを追いかけ、シグナライズを高評価し、タニノフランケルに大きすぎる期待もしたのではないか。

この4頭は、みんな、ほぼ毎回のように、実力以上に人気になってきた。

これが決定打だ。

僕は1秒で見切ってきた。

1秒だ。

ここに、日ごろのから1秒で行動できる男と、そうでない男の差が生まれる。

まさか、競馬だけ1秒でスパッと決めればいいなんて、思っていないだろうか?

それはできない。

なぜかというと、視点とは、行動と共に動かさなければ、ただの感情論になりがちだからだ。「どうせ、以下のような〝1秒の断〟」になるはず。

「うわ、俺の馬券外れた、ダメだこんな種牡馬」

違うだろうか。

馬券に興じすぎると、だいたいこうなる。

僕の場合、自分の馬券などどうでもよく、1秒で本質へ切り込む行動を繰り返しているから、あまりにもわかりやすすぎたフランケルには、1秒で断を繰り出せた。

1秒で断を下す癖をつけるのではない。

1秒で行動する、活動的な男になっておけ、という話だ。

僕が、「あ、無理、ガリレオっぽくない?」と断を下したのは、外。そう、外出中だ。

人と語っている合間にレースをチラ見した瞬間だった。

1秒というのは極端かもしれない。

だが、ウジウジと家に閉じこもっている男は、何も生産できず、ただただ周囲をイラつかせるものだ。

以前、「男論なんか男論の本でやれ、これは競馬本だ」と僕に言った編集者がいたが、ずいぶんなお門違いだ。彼はフランケルを切れないだろう。切れてもその判断は相当遅れる。


ここで、僕が長年言ってきたことを、再度、思い出してみてほしい。

種牡馬とは。

そう、一期生は、馬券も一口も様子見

わかるだろうか。

では、フランケルは2期生からガンガン狙っていくかどうか。

狙って行くとしたら……。

例えば、「種牡馬アグネスタキオンから、ダイワスカーレットやアドマイヤオーラが出た時のような、明確な変化が起こった直後から」だ。

何か全体的な育て方などと噛み合って、大きく変化する時を待つこと。


それでは最後に、フランケル産駒をほとんど買わない僕が、これから唯一買おうと思っているタイプをお教えしたい。

それは、ガリレオ産駒とモンジュー産駒を、これまで日本の芝で一度も買っていない僕が、あえて買っていたパターンだ。

買った馬の名前を出そう。

サトノコクオー。

そう、モンジュー産駒のダート馬だ。

つまり、キレがない種牡馬は、この方法でいくということ。

まずは、ダートの安定株だけに絞る。ひとまず、他は関わらない。すでにフラテッリという馬が、ダート1800mの新馬勝ちを決めている。この馬がどうこうという話ではないが、これからフランケル産駒のダート馬が徐々に頭角を現してきそうに思う。安定している馬がいたら、注目していい。

だいたい、この二点でいいだろう。

そして最後に。重要な一文を授けよう。

僕は、2018年現在、フランケルよりハービンジャーを評価している

ハービンジャーを、少しずつだが買いに転じている話は先に書いた通り。たかがアンタのひと言に、授けるなんて大袈裟な、そしてまた偉そうに、と思ったあなたは、この一行が持つ重要性を理解できていないのだと思う。

僕のこの一行の断で、多くの競馬玄人たちが、今、動く。

ここまで、「切る」ことで上手く付き合ってきたであろう、種牡馬ハービンジャーへの意識を高め、おそらく、ここから馬券を買うポイント探りに走るだろう。

それも、間違えた買い方をせずに、正しい買い方で。
彼らは1秒で動くはずだ。
あなたはどうだろう。
この断のラッシュ。この切り替え。
乗り遅れてないか？

■種牡馬トーホウジャッカルが、ＳＷ系を繋げる

スペシャルウィーク。

この言葉に、特別な想いを抱く競馬ファンは多いのではないだろうか。

華やかなＳＳ産駒のＧ１馬の中でも、母系が、シラオキからなる日本古来の雰囲気を醸し出している。日本の系譜とＳＳの血がミックスされた傑作、と言う感じがする。

僕がスペシャルウィークのレースの中で、なぜか特に印象に残っているのは、Ｇ１レースではなく、４歳シーズンの復帰戦として圧勝した、Ｇ２のＡＪＣＣだ。

理由は単純で、この週に、僕のお婆ちゃんが亡くなったのだ。

当時、北見市の大学に通っていた僕は、実家に戻ってお通夜に出た後、ＡＪＣＣを見た。

その一報を聞いた時、僕の一人暮らしの部屋では、ザ・イエローモンキーの『SICKS』というアルバムが流れていた。

おそらく、あなたがロック好きの友人に「近代100年くらいで、日本のロックンロールアルバム・ベスト10を作ってよ」と言うと、その友人はこのアルバムを入れるだろう。

そう断言できる。

イエモンが嫌いな人でも、このアルバムは入れるはず。イエモンが好きな人は、どのアルバムにするか迷ったあげくこのアルバムを入れる。そういう作品だ。

あの時代、『SICKS』～『PUNCH DRUNKARD』のイエモンは、本当に神掛かっていた。SICKSの、あの病的な世界観に落とし込んだロックンロールは、後世まで語り継がれるような〝物作り〟だった。ギラギラしていた。

偶然なのか、なんなのか。僕はその時、「FOR GRANDMOTHER」という曲を聴いていたのだから、偶然もまた、いいものだ。

スペシャルウィークは種牡馬となってからは、代表産駒として、ブエナビスタやシーザリオを輩出した。牝馬の大物だった。

だが、男馬は、インティライミくらいしか代表産駒がいなかった。

ダート馬では、「ゴルさん」の愛称で愛されたゴルトブリッツがいたが、現役中に急死。

残された中では、リーチザクラウンが種牡馬として健闘している。

しかし、晩年になって、ひだかから、トーホウジャッカルが現れた。

おそらくこれが、スペシャルウィーク産駒、最後のG1馬だろう。


これがなんとか種牡馬入りできて、本当によかったと思う。

SWの血は、わずかながら、繋がっていく。

産駒を予測すると、少しズブそうだが、堅実に走るように思う。

おそらくダート馬も出るだろうし、それがもし「金色のダート馬」となれば、ゴルトブリッツの姿を重ね合わせるファンも、きっといることだろう。距離は中距離がいい。

２０１４年、菊花賞。
直線で黄金色の馬体が弾んで、トーホウジャカルが菊花賞を制覇した日。
僕は大病で入院をしていて、病室のテレビでその雄姿を見ていた。
なぜだか心の中で、ＳＩＣＫＳの『花吹雪』が流れた。
トーホウジャッカルの種付け料は安い。みなさん付けて。

■マルジュの底力

ザ・イエローモンキーの『SICKS』を、日本のロックンロールアルバムベスト10に入れることに、多くの〝ロックンロール〟達は異論なしだと思うが、他にも、異論なし！というアルバムはいくつかある。

ザ・ブルーハーツのファーストアルバム『THE BLUE HEARTS』。入って当たり前、入れなかったら、入れなかったヤツのセンス何なの？と言われるくらい、絶対に入るだろう。

ハイロウズは売り上げ的なものを無視すれば、『バームクーヘン』が絶対にランクインすると思う。

これもまた、ハイロウズが好きな人も嫌いな人も『バームクーヘン』だけは絶対です、という人が多いはず。作業のすべてをバンドの手でやって、DIY感満載の一枚だ。

他では、矢沢永吉さんから一枚、ミッシェルガンエレファントから一枚など、このあたりは鉄板コースだと思う。そこから好みによって、いろいろ分かれるのだろう。

そして、僕ならそこに、次のアルバムを入れるかもしれない。

ブラフマン。『MAN OF THE WORLD』(1998年発売)。

1999年。前述した、スペシャルウィークのAJCCを見ながら、『SICKS』を聞いていた時、ちょうど同時期に聞いていたのが、当時、頭角を現していたこのバンドだった。

地下パンクの世界で、ハイスタンダードなどと行動を共にし、目立つプロモーションはなく、インディーズのまま活動。

のちにメジャーと契約を結ぶが、「年に何枚レコードを作ってくださいね」的な制約がいっさい盛り込まれなかったというウワサ、〝超特例〟の扱いのウワサも話題となった。

ブラフマンの音楽は、民族音楽と、ハードコアパンクの融合。

異端で孤高な存在感。最初に聞いた時は、「ようわからん……」と誰もがつぶやく楽曲。

だが、その中に際立つ中毒性があり、気が付けば何度も聞いている、というものだった。なぜか放り込まれているゴダイゴの曲のパンクバージョンのカバーと共に。

突然出てくるゴダイゴで、世界観がもう、ようわからん、となる。


種牡馬界で〝異端児感〟といえば、マルジュがピッタリ。

1999年、ジャパンカップ。

4歳スペシャルウィークが圧巻の差し切り勝ち。

今なら「そりゃ沈むだろ」的な、欧州最強の世界王者、モンジューが沈没。

その時、2着に聞いたこともない馬が……。

実況は「内から香港のインディジェナスです!」。

「何それ!?」という空気に包まれる東京競馬場。というか日本全土。父親はマルジュ。「き、聞いたこともねー!」という声だけは、当時、聞いたことがある。

マルジュは海外では立派にその地位を確立していた種牡馬だが、インターネットもない当時、情報源、検索源は、どこにもなかったのだ。

それから15年の時が流れて、２０１４年。

1頭の2歳馬がデビュー2連勝を飾る。


サトノクラウン。

父、マルジュ。

これ、最初、おそらくみんな出馬表を二度見したんじゃないでしょうか。

まるで亡霊のように現れた、マルジュ産駒。

ラストクロップだったようで、最後に強い馬が日本に来てよかった。

この〝完全に時代を間違えて登場している感〟。イイネ。


さてさて、結成から20年間、徹底的にテレビに出なかったブラフマンは、数年前、ようやく「THE COVERS」という番組でテレビ初出演を果たしている姿を見かけた。

当時のゴダイゴのカバーを披露。今は、ミュージックシーン全体ではそれほど存在感はないのだろうが、圧巻のパフォーマンスだった。

女優のりょうさんとボーカルの結婚、香港ツアー、イタリアツアー、そして、ハイスタ不在のパンクシーンを何年にも渡り、引っ張った。けれど、ハイスタほどの大きなセールスはなかっただろう。圧倒的なベール、そう、孤高感だけを身にまとったバンドだ。

そうそう、競馬本の世界での〝超特例〟もあるそうですよ。

たとえば、先日、ＫＫベストセラーズから出版した、ある著者の本なんか、ね。

ＫＫベストセラーズさんの競馬本は、編集者さんの方針で、基本、〝的中馬券の掲載〟が必須と言われていた。競馬物書きで、それがなくてもいいよというのは、僕くらいだという。

ブラフマンの愛称は「孤高」。ん、親近感。あそこまで孤高ではないけれど。

ロック界では、ブランキージェットシティにも「孤高」と付くし、チバユウスケにも「孤高」と付くし、銀杏ＢＯＹＺにも「孤高」と付くことがある。

世の物作り人にとって「孤高」というキャッチコピーは常に取り合いのフレーズな

ので、取り合わなくてもこのキャッチコピーがいつも付けられる僕は、なんだか専売特許みたいで、いいね。

CHAPTER4 RIDING

■間違いを正しているところに、〝ニッチ〟は生まれる

むかしむかし、あるところに、90年代ガラパゴスジョッキー競馬というのがありました。

騎手たちは山へ芝刈りに行くような〝フッ軽〟な感じでの海外移籍などは、一切せず。いつでも帰ってこられる保険がかかったかのような、海外武者修行だけ。

お婆さんが川へ洗濯に行くと、ミルコと書かれた大きな桃が流れて、というか、流れ着いてきました。フィクションです。

相変わらず、相撲業界では貴乃花親方が話題だ。

弟子が怪我を負わされた一連の騒動。

貴乃花親方の言葉の中で、最も支持し、日本の競馬、特に騎手に真似してほしいと

思う言葉があった。それは――。

「戦い合う者同士が一緒に食事に行くな」という点。ここ、重要。

その結果、騎手同士、仲が悪くなってしまうかもしれない。

だが、それはすごくいいこと。同業者がベタベタしている方が、よっぽど気色悪い。

実際にどれくらい、仲良く常日頃から食事をしているのかは知らないし、興味もないが、そういった様子は、よく競馬雑誌などに掲載されている。


相撲は国技で、競馬はスポーツ（兼・ギャンブル、兼・ビジネス。）だ。

立場は違う。

立場は違って、競馬はスポーツだからこそ、国技と同等のような『真剣勝負』と、国技以上の『勝ち負けへの執着』が重要となる。


騎手を育てる手立ての一環としては、やはり、師弟関係が必要だ。

それこそ、相撲の貴乃花部屋のような、素晴らしい師匠の下で弟子を育てる風潮や流れが、ぜひ欲しい。地方競馬でね。

間違っても世界最高賃金体系を誇るＪＲＡの競馬で、それをやってはいけない。世界最高賞金の場で、ド素人（競馬学校をでたばかりの子供）を乗せて育ててきたのは、ただの過去の過ちでしかない。

人を育てる。騎手を育てる。それは、地方競馬でやることだ。

あなたはその「隙」を突けばいい。

秋なれば、世界各国で名を馳せた外国人ジョッキーが日本へ来る。

せっかくの、なけなしの、おこづかい。

使うなら、そういった後悔しないジョッキーに賭けるべきだと僕は思う。

そしてこの10年ほどの間に、外国人ジョッキーで馬券を勝ってきた男たちが、たくさんいる。

我々ファンの日々のおこづかいで、勝っても負けても、しっかりファイトして帰ってきてくれるのは外国人ジョッキーの方。

ＪＲＡのガッコウ騎手に足りていないのは才能、そして覚悟と気概だ。

なんとしても勝つ、という覚悟と気概ではない。

ＪＲＡのガッコウ騎手とやらが、やらなければいけないことは、武者修行や遠征ではなく、移籍だ。

海外移籍、もしくは地方移籍して、そこで通用しなかったら廃業してもいいという、覚悟と気概だ。

■身内のお城、競馬学校

2016年、東京新聞杯にて、1番人気のダッシングブレイズが落馬した。浜中というJRAのガッコウ騎手が乗っていたのだが、無理に内へ突っ込もうとしたところ、接触もあり、内ラチの外へ放り出された。

瞬時に大事故に見えたので、まずは無事を祈りながらではあったが、これを見ていて、思った。

騎手としての感覚が鈍すぎる。

いや、なさすぎる。

そして、可哀想になった。自分に才能があるかないかもわからずに、今や世界最高の者が集う舞台（ＪＲＡ）にいきなり放り出されている、ＪＲＡの騎手たちが。

狭いところへ突っ込むのは、騎手として当たり前だ。

ひとむかし前のガラパゴスジョッキー競馬は別。ただの先輩・後輩競馬なので。

しかし、世界的に見れば、そして今の世界基準の日本競馬では、当たり前のことだ。

ところが、どこへ突っ込んだらどうなるか、突っ込んでいいのはどこか、どのくらいの隙間か、彼らはおそらく判断能力を持ち合わせていないのだ。

当たり前だ。

身内のお城、競馬学校にいたからだ。


頑張った浜中を責めるのは可哀想？

その通り。僕もそう思う。

僕は浜中を責めていない。

このレース、彼は凄く頑張っていたと思う。

日々、外国人騎手のように隙間に突っ込めと言われ（当たり前のことです）、外国人騎手のようにぬるま湯競馬から抜け出せと言われ（当たり前のことです）、ボロい商売だなとヤジを飛ばされ（正論です）、それで、懸命に頑張ったのだろう。

自分に才能があるかどうか、それを判別する舞台（底辺賃金ながら騎手だけはハイレベルの地方競馬や海外競馬）にすら、立つ経験もあまりないままで。


僕は浜中を責めていない。

あれは、ただの自爆騎乗。

自爆騎乗になる、けれど隙間に突っ込むことは必須、だけど才能の篩にもかけられなかった者たちにはどこへどう突っ込んでいいか、感覚的にわからない。そして自爆した。そういうことではないか。

逆に、戦うことを避ける無才能者たちは、行き切ったり、ハナを切ったり、誤魔化しで大外を回っている。

僕は浜中を責めていない。

身内だらけな制度、結果として何の役にも立たない競馬学校、そしてそれらを支持し、正しいことだとして、ファンを洗脳しようとする取り巻きのライター。

それらを責めているだけだ。

僕は浜中を責めていない。

頑張った人に罪はない。

延べ150人前後の、JRAの騎手を、騎手にしてしまったシステムと制度に罪がある。

頑張って突っ込んで、自爆した騎手に罪はない。

■先行オンリーの騎手

２０１６年、新春競馬。

待っていた馬が１頭出てきた。

京都金杯の、エキストラエンドだ。

２０１４年のマイラーズＣ③、２０１５年の京都金杯②と、二回単複を買っている京都巧者。京都のワンマイルなら、無条件で待っていていい馬。

ただし、マイラーズＣでの走りを見て、別定Ｇ２では能力的にギリギリ一杯だと思い、２０１５年のマイラーズＣ（４着だった）では買わなかった。

個人的には、かなり上手く付き合えている。

京都金杯はG3。騎手は新主戦（?）吉田隼騎手
二年連続好走しているリピーターでもあり、単複。

レース、スタート。

出して行かず、後方から。

そこまではいいが、流れに乗れず、どんどん後ろになり、ドンジリあたりなのにイン（に、ほぼおそらく、意図せずになっている形）で、4角へ。


差し競馬になっているのに、4角で加速できず。

この感じは、先行専門騎手・川田と同じだ。


差し遅れて7着。

脚色を見ると、余裕綽々で3着はあったことがわかる。

後方なのに、馬群が空くまで待っている姿も最悪。（先行してならいいが。）

もう、待っていていい位置ではない。

先行しているのではないのだから、待っている間に、前とは離れ放題だ。
本当に「川田の差し競馬」に似ていた。
いや、川田が乗っているのではないかと思ってしまうほどだった。

これもＪＲＡ競馬学校が生んだ悪い現象。こういう例が、とても多いのだ。
こういう現象とは何か。
それは「先行だけはソコソコ上手く、差しが下手」という騎手が多いこと。
競馬学校からは、似たような下手さを内包した騎手が、次から次へと出てくる。

■ニッポンのお馬さんは、跨る者に上から目線で

有馬記念を勝ったゴールドアクターの存在は、素晴らしいと思う。

ゴールドシップに続き、日高のスターホース誕生で、競馬を盛り上げてくれた。

社台・ノーザンだけでなく、日本の競馬は、中小牧場までもが、世界のトップレベル。

本当に素晴らしいとしか言いようがない。


さて、僕の著述は、時折、上から目線と感じるかもしれない。

だが、僕自身は「上から目線」という自覚はない。

それでも、仮に上から目線と言われるなら、それでもいい。目線なんかどうでもいい。「上から俯瞰」はしているが。

日本のサラブレッドは世界的一流、「トップクラス」ではなく「トップ」。

社台ノーザンの大手牧場は、世界でも最強の施設と規模。

ＪＲＡ学校騎手は世界的五流、六流の集団。

ミルコは世界的三流騎手。ルメールは世界的二流騎手。

この勢力図。

これを見て、僕が上から目線なのではなくて、世界のトップになったニッポン馬たちにしてみれば、「能力、出し切れないなら跨らないでよね」という、僕より遥かに上からの目線で、ＪＲＡの騎手を見ているかもしれない。

中には「失敗した時は素直に言うのが信条」みたいな、開き直り方をする騎手もいるが、開き直るとか開き直らないとか、どうでもいいから、降板してくれよ、と言いたい。

馬に迷惑だ。

何度か説いているが、ミルコとルメールは凄くない。

普通だ。

凄くない。普通なだけ。

周囲で乗っている者たちが、ちょっと普通じゃないだけ。

どう普通じゃないかは、最後まで読めばなんとなくわかり、それがなんとなくわかった時、あなたの競馬力は、飛躍的に上がっているだろう。

競馬先進国ニッポン、そしてジョッキー後進国ニッポンは、今、「世界のトップオブトップ」として成熟している。

少なくとも、ニッポン馬たちは、現在世界一だ。

彼ら（馬たち）は、自分に跨る者を上から目線で見てくれよと言いたい。

■優勝劣敗を、さらに進めよ

「優勝劣敗なのはわかるが、職人的に馬を育てている縁の下の力持ち的な騎手もいる、外国人騎手が多く来日することで、彼らの生活が成りたたないのはいかがなものか」

最近では、こんな声まで上がっていると聞いた。

育てる――――。それは、本質的に騎手の仕事ではない。

「調教を付けるプロ」の仕事。

騎手の本質は、馬群の中で押し合いへし合いすることで、それができないなら、騎手に向いていないのだから、調教を付けるプロになって、そちらの集団に入って、優勝劣敗のもとに打ち勝って、引っ張りだこの存在になればよろしい。

以上。万事、解決です。

というか、そもそもこういうことを言っている人というのは、「外国人騎手はラフプレーだから勝っている」とか、「いきなり有力馬に乗れるから勝っている」とか言っていたはずなのに、いきなり、優勝劣敗はいいけれど――と言われても、言っていることが、ほんの数年前と比べただけで、支離滅裂だ。

たぶん、単に嫌いなのだろう。

要するに、過去を否定されるのが。

優勝劣敗ばかりではつまらないという気持ちはわかるが、あまりにも優勝劣敗がなさすぎた世界だと感じるので、優勝劣敗に徹することが、今は必要だ。

長期的に見ると、外国人騎手にドンドン門戸を開放するのが、とても正しいこと。

さらに上記の発言は、ツッコミどころがもう一つある。

別に、これ、外国人騎手ウンヌンは関係ないということ。

単にグローバルスタンダードで、自由に競走すればいいじゃないか、というだけ。

わかりやすく言うと、そういう縁の下の力持ち職人の凄い実力者が外国からやってきてくれるかもしれないから、そこはそこで、また競い合えばいい。

じゃあ、日本人はいなくなればいいのか?と言われそうだが、ＪＲＡは、世界最高の賞金舞台であって、馬は世界最強、野球で言えば大リーグ。

「全世界の有能な者たちだけでやるのが、本来のまっとうな形」であったが、過去が間違えていた、というだけの話なのだ。

■ファンの見る目の差は、ここ

ミルコ、5週連続重賞制覇――。

「デムーロ、すごい」「騎手の腕って大事」

「人気薄でもなんでもアリ」「これだけ続くとすごくわかる」

2016年、春。

日本に移籍してすぐに、ミルコデムーロが毎週、毎週、大暴れをしていた。

特に驚くことでもない。もう一度書くが、ミルコは特に凄くもない。

普通だ

本書の隠れテーマが、これ。ミルコは普通。世界的三流ジョッキー。普通の騎手だ。日本で乗ると、五流・六流のＪＲＡ純正騎手と「差がでかすぎるだけ」である。

もう一度言う。

ミルコとルメールが凄いんじゃなくて、他との差がデカすぎるだけ。

日本の鎖国騎手競馬をやめて、開放すれば、ほぼ全レースを、外国人騎手が勝つだろう。

僕は今、馬券を買ううえで、ミルコデムーロをかなり頼りにしている。彼の腕力が感じられる騎乗に感心しているし、日本人騎手より圧倒的に決定力があって役に立つから、移籍に感謝している。

ただ、あえて言わせてもらえば、世界トップクラスの一流が、通年で日本に滞在すれば、ミルコはひとひねりで負ける。

ドゥラメンテや、リオンディーズなど、ダントツの馬にでも乗っていない限り、そのほかのレースではボカスカやられる。
わかりやすく言うと、スミヨンとだったら勝負にすらならない。
その違いがわかるか否かだ。
そしておそらく、モレイラが、まもなくこの地にやってくる。

世界的一流　＞　ミルコ&ルメール　＞　ＪＲＡ学校騎手

この図式がわからない人は、もう、あまりいないと思う。
太鼓持ちライターの怒涛のヨイショラッシュなども健在かもしれないが、それはそれでトンデモ系ということで、またご一興。そういうのはまるで、ひと目でフェイクとわかる、昨今の世界超常現象のテレビに似ている。

話を戻して、まとめよう。
今、「ファンの見る目の差」として、重要なことは、この〝図式〟ではない。

「V」、だ。

「V」、ここの、〝差の大きさ〟が見えているかどうかだ。

■スワーヴリチャードは「右回りが下手」ではない、「左回りが上手すぎる」のだ

２０１８年。スワーヴリチャードが、大阪杯を勝ってしまった。
右回りのＧ１だ。
しかし、これはリチャードが勝ったというより、「ミルコが勝った」一戦だ。
ミルコのコメント通り、外枠のロスを嫌って一度下げたくて、あの大マクリ？
それもあるだろう。
ミルコのコメント通り、スローを見越しての、あの大マクリ？
それもあるだろう。

しかし、僕にはあの大マクリには、もうひとつ、理由があったように思う。

単に、やけくそ。

出遅れたから、なんかもうヤケクソ。

その証拠に、このやけくそ騎乗が、ハマらなかった場合も多発している。

レースVTRを見返してみてほしい。

結果×　フォゲッタブルの、ステイヤーズS。

結果○　ドバイワールドCの、ヴィクトワールピサ。

要はハマるかハマらないかだけなので、結果は、たまたま良かったり悪かったりする。

では、話を戻して、この大阪杯の騎乗は、良かったのか、悪かったのか。

断を下すと、「よかった」となる。
当然、結果がいいからではない。
批判を恐れずに、大きく動いて、大マクリを打てたからでもない。
僕が良い騎乗でしたと断を下す〝部分〟は、次項にて解説したい。
端的に言うと、それは――。

あのマクりなのに「もたせたパワー」だ

■大阪杯のスワーヴリチャード、凄かったのは「道中」より「直線」

騎手はパワーだ。
僕は何度も、そう書いてきた。
この大阪杯。「日本人ではあそこで動けない」という声は大きかった。
確かに。でも動ける騎手も、いることはいる。
横山典（ゴールドシップ）や、故・後藤騎手（ユーセイトップラン）など、動けた。
「あそまで大胆に、大きくは動けない」という声も大きかった。
これは、見立てとしては、なかなかだ。
あそこまで大胆に、というより、単に玉砕覚悟で動くのは、難しい。

そして「それができるのは失敗してもミルコならまた有力馬の騎乗依頼があって、日本人騎手ならすぐに降ろされてしまうから」という声も、一理ある。

しかし、決定打はそこではない。

あの騎乗で、優れていた部分は……。

あそまで大胆に大きくは動いても、持たせてしまえるケースが多々あるという、馬を動かし切る、決定的なパワーの違い

そしてそれを、ジョッキー本人も、おそらく無意識のうちに自覚していること

これだ。

先に書いたように、ヤケクソな心理も見え隠れしていて、ハマらないことも、当然ある。

だが、日本人、というより、JRAのガッコウ騎手が同じタイミングで同じくらい大きく動いたとしても、〝持たせ切れない〟のだ。

それは動かし切れないともとれる。

これが、僕がよく書く「そもそもの才能の差」だ。

この馬と手が合う騎手ウンヌン。
乗り続けることの有利さウンヌン。
乗り替わりが激しいと騎手が育たないウンヌン
その前に――。

騎手の腕の差、質の差、そもそもの才能の差が大きすぎる。

開国（全面開放）しなければ、それは、多くのファンには気が付かれない。
鎖国（筆記試験など）をしているうちは。
そう、ここは。

あなたが馬券で勝ちやすい国だ

■騎乗者を優先すべき海外、優先してはいけない日本

20ウン連勝の記録を作っている、オーストラリアの最強馬、ウィンクス。

このウィンクスの鞍上、ヒュー・ボウマンが騎乗停止になった時、「ボウマンは彼女の大事な一部」として、「ボウマンが乗れないなら」とウィンクスの始動戦が変更されていた。


これを見た日本人の素人ファンが、日本で足りないのはこの現象ダー！と騒いだようだが、まるで見当違いだ。

日本には、ここまで凝るべき主戦に〝してもいい〟騎手がいない。それだけのこと。

今や、日本馬は世界最強。

そしてＪＲＡのガッコウ騎手は、世界で最も弱いレベルにある。

仮に、ムーアが日本で通年免許で乗れば、ムーアに合わせて始動戦を選ぶ有力馬が、ワンサカ現れることになるだろう。そういうことだ。

そういえば、2017年、ボウマンの力でシュヴァルグランがジャパンカップを勝つ前。

日本の競馬では経験不足のボウマンが不安と、トンチンカンなことを言った素人ファンも多かったと聞いた。

ボウマンは、この時点で、世界ランク1位か2位のジョッキーだった。

というか、それまで見せてくれた騎乗の「型」を、しっかり見ていればわかります。

このジョッキーの世界最強クラスの腕の良さは。

海外には、世界ランクトックでなくても、ボウマンのように腕のいいジョッキーがワンサカいる。なので、そういう意味では、別な腕の立つ男に乗り替わってもいいとは思う。

だが、結局、基本的には外国人ジョッキーはみんな腕がいいので、乗り代わりによる効能は少ない。

騎乗者を優先してもいい海外。

優先してはいけない日本。

つまり、騎乗者の質の差が激しい日本の競馬は、乗り替わる瞬間がターニングポイントだ

見どころとしても、馬券でも。

■日本人は、乗り替わりに敏感すぎる

1頭の馬に、一人の騎手が乗り、乗り替わらないこと。
この、超どうでもよいことに、慣れ親しんではいけない。

日本人は「乗り替わり」に敏感すぎる。
世界的に見て、優れた騎手に替え、馬の激変を狙う乗り替わりならよい。
そういう乗り替わりをむしろ、どんどん増やさなければいけない。

感情論になりすぎる、ということ。
降ろされた方の気持ちガー！みたいな感じ。
騎手って、趣味ではないです。お仕事です。

降ろされた気持ちとか、あなたにはどうでもいいことですよという話だ。

そもそも、だ。

1頭の馬に同じ騎手がずっと乗っている方が、むしろヘンなのだ。

2017年、ホープフルS。

クリスチャンデムーロは、レース後に「機会があればまた乗りたい」と言った。

この時点では（2018年のクラシックでの結果はともかく）、タイムフライヤーは、朝日杯FSを勝ったダノンプレミアムと並んだ、クラシックの有力候補だった。

それに対して「機会があれば」。

その程度の事です。乗り替わりなんてのは。

騎手が、1頭の馬に固執して（それにより馬が結果を出せないことは迷惑）、いいことは何もない。その「1頭固執」が許されるのは、世界の頂点クラス、ムーア、スミヨン、モレイラ、ボウマン、デットーリくらいのもの。

そしてまた、ムーアとモレイラでさえ、馬の取り合いなのだ。

モーリスは、モレイラ→ムーアという豪華スイッチの断が下った。

当然だ。世界一レベルの中距離馬なのだから。

本項の締めに。

時折、騎手が口にする「一生懸命、調教を付けてきたのに」とか、いらない。

特に、重賞においては、調教に乗ることによって乗せてもらおうとするなんて、アザトサにしか見えない。調教名人なら、調教助手になればいい。

これが「レースで結果を出したのに……」なら、まだ聞く耳を持ってもいいが。

それは人情がないこととは違う。

たかが、乗り替わりです。

日常茶飯事の出来事です。


1頭の馬に一人の騎手でロマン?を作らないから、競馬人気が下がったという声も出てきているそうだが、それは間違っている。

今、競馬と無関係の層の若い人は、まったくと言っていいほど、騎手の名前などを知らない。これは実地調査済みだ。

仮に、この人馬がコンビです！とスポーツニュースでやっても、若者はテレビを見ない。

スポーツ新聞でやっても、スポーツ新聞も見ない。

「自分の世界」をググるだけだ。

だから、1頭の馬に一人の騎手というイメージを植え付けても、別に競馬人気には関係ないのだ。

本書でも触れてきたように、競馬人気の底上げに重要なことは、〝競馬ファンのイメージ〟の方だ。

一生懸命調教を付けてきたのに！という騎手からの声もありそうだが、外国人ジョッキーが初めて跨って、瞬時に馬を手のうちに入れていく姿からわかるように、調教を付けて乗せてもらおうとする方が、どちらかというと、話としてはヘン。

騎手はレースで乗る人。

馬を作り上げるのは牧場。

追い切りを付けるのは、調教助手。

単に、役割が定まっただけだろう。

その役割をナァナァにして、「調教に乗っているからレースでも乗せてあげる」という方が、妙な忖度が入っている。

ＪＲＡは世界最高の賞金体系。

強い者が勝つのは当然。

ノーザン１強は、当然。

そして、その弊害は、使い分けくらいしか、今のところは見当たらない。

■騎手の応援隊長にならない

あなたには好きな騎手がいるだろうか。

僕はいない。

競馬作家が騎手を御贔屓にしたら、眼力が鈍ってお終いである。

それは競馬〝評論〟作家だけでは?と思うかもしれないが、そうでもない。

競馬の世界は、とても閉鎖的なことが特徴。

気に食わなければ取材拒否などもある世界で、それを恐れてなのか、まっとうな書き手がまっとうな評価を下せないのだ。

実にくだらない。

本来、取材拒否などは勝手にさせておけばいいのであって、一人や二人の騎手のコメントなど、別になくても困ることはない。

だが、悪しき習慣として、競馬は〝現場のコメントが絶対〟だったり〝騎手のコメントにすがりつく〟ことでコラムの中身を成立させてきたというダメな歴史がある。

騎手のコメントなど、本人が言いたいことがあれば、フェイスブックやツイッターで発信すればいいだけのことだ。


つまり、こうだ。

騎手をご贔屓にすると、書き手が書きたいことを書けなくなるということ。

この業界のライターは、一部、ご贔屓騎手を教祖とした宗教家みたいになっているとすら言われている。

どの文章もステレオタイプで個性がないから、競馬物書きなど、一体どんな者がいるのか、僕などは興味すら持てない。

だが、この業界の第一線に立たせていただいている立場としては、歴代担当編集者から、そういった話は嫌でも聞こえてくる。

僕には関係ない世界だが、そういった層の物書きとは一線を画して、書き手は外側からの目線で、フラットに騎乗批判なども書いた方が活性化するのは明白だ。

そうなれば騎手だって、ぶっちゃけの反論もするかもしれない。

それにより、様々な角度から「声」が交差し、活性化する。

情報発信もより活発になって、よりぶっちゃけで、より発展する。いいことばかり。

そのためには、この世界で、まずは書き手たちが、ご贔屓騎手を作ることをやめることが重要だ。


イチファンのあなたには、好きな騎手くらいいてもいいが、盲目になるほど好きになりすぎないように注意してほしい。

自分が好きな騎手に「下手くそ」と言えたら、合格だ。

■騎手で勝ったのか、馬が勝ったのか

本島オフィスのｎｏｔｅのコラム、『イギーをポップにする週末』。
２０１８年、有馬記念の週には、このようなことを書いた。

シュヴァルグランは「３０００ｍ超えならＧ１でも」と高く評価してきた馬だが、ジャパンカップは〝ボウマン・マジック〟で勝ち切っただけで、中距離でＧ２の役者だからどうか

阪神ＣでサングレーザーのＵ単複を買うが、スワンＳは〝クリスチャン・マジック〟で勝ち切るところまで持っていけただけに、本来、Ｇ２だとギリギリだろうか

こういった書き方をした。

結果、サングレーザーの馬券は当たったし（3着）、シュヴァルグランも思った以上に走っていた（3着）。


だが、どれが馬の力で勝ったのか。どれが騎手の力で勝ったのか。

これを見極めることは重要だ。

これは、そのまま「騎手を見る目」に繋がっていく。

特に、外国人ジョッキーの〝マジック〟で勝った馬を過信してはいけない。

逆に、ＪＲＡの騎手を乗せ続けながら勝てるのは、現代競馬ではもう、ハンデを背負っているようなもの。見ていると、単に馬が強いから勝っている、ということが多い。


騎手の質の差。騎乗の質の差。

それが見えているか、わかっているかどうかは、『馬券と見解』に反映される。

反映される、というか、反映できる。

例えば、サングレーザーは、クリスチャンが乗れば阪神Cも勝っていた、ということにはならない。わかるだろうか。

「頑張れるかどうか、好走できるかどうか」微妙だったスワンSで、クリスチャンが間違えて、〝勝ち切るところまで行かせてしまった〟ということ。

もう一回クリスチャンが乗っても阪神Cは3着くらいだったと思う。この時騎乗した福永も、しっかり乗れていたからだ。（その後、2018年にバリバリにG2を勝ち切る役者になった馬ではあるが。）

外国人ジョッキーと、JRAの騎手の差があまりにも大きい。

それは、100年やそこらで埋まるものではない。

そういうことが見えていれば、オープン馬1頭、1頭の、本来の「走るべき格」まで見えてくる。

「外国人ジョッキーが凄い」なのか、「JRAの騎手がダメ」なのか。

これを、競馬力を測る、ひとつの踏み絵としてほしい。

繰り返すが、外国人ジョッキーは凄くない。普通だ。

普通ではない人たちの中に、普通が少数放り込まれているだけなのだ。

■外国人騎手なら誰でもいい

外国人騎手なら誰でもいい。
そう思ってしまう。

外国人騎手なら誰でもいい。
と、いうほど、ＪＲＡのガッコウ騎手と、外国人ジョッキーの腕の差は大きい。
全体像として見れば、それは１５０年くらいかかって、ようやく埋まるかどうか、
というくらいの差の大きさだと、様々な書物で書いてきた。
〝ここ〟が見えているかどうか。
それがそのまま、現代の競馬力の差になっている。

２０１８年、京都記念。

明け４歳のダービー馬、レイデオロの復帰戦。

前週にルメールが騎乗停止となり、レイデオロの２０１８年初戦は、短期免許で来日するイタリアのダリオバルジューが跨ることに決定。

即、決定だった。

ここだ。ここがいい。


どれほど外国人ジョッキーとＪＲＡの騎手に実力の差（僕は生まれ持った才能差とも呼ぶ）があるか。

それをわかっているのは、こうした有力馬のジョッキーを決めているであろう、大牧場。そしてそれを支持する玄人ファンである。


ここで、日本人騎手ガー！なんていう寝ぼけたひと言が出てくるようでは、「日本人の新人はどうやったら騎手になれるのか？」「日本競馬の賃金体系は？」「そして肝心かなめの実力差は？」という3点の勉強をし直しだ。

「日本での競馬だから、日本の若手騎手で」

というのは、ＪＲＡという箱の中の最高の賃金体系を考えれば、ニッポンにある様々なスポーツ、ビジネスの中でも〝最高ランクの甘え〟である。

日本人の騎手も、バルジューのように、他国の裏開催を駆けずり回ればいい。生活を投げうつくらいの気概のないスポーツ選手は、スポーツ選手ですらない。

■世界基準という視点を持つ

本書では、騎乗における「横のアタリの強さ」という観点を打ち出したい。横のアタリの強さとは、自分から横の馬を押し出すサジ加減や、押された時にフラフラせず耐え抜くパワーなどを指す。

それは、こんな言葉に置き換えてもいい。

〝おしくらまんじゅう能力〟

これは、世界基準、特に芝がメインの欧州競馬における、世界基準だ。

僕のみたところ、イギリス・フランス・イタリアなど、欧州では、ほぼ、どのジョッキー先進国でも、馬群の中で〝おしくらまんじゅう〟をやっている。

欧州だけなら、欧州だけ特有な感じがしないでもないが、これまた芝の競馬が盛んな、短距離王国の香港競馬も、〝おしくらまんじゅう〟。

アブミとアブミがぶつかるくらいで普通、といった発言を、ティータンジョッキーなどが語っているし、レースVTRを見ても、実際にそういう競馬が多いとわかる。

日本は社台グループのおかげで、競馬先進国のひとつ。

しかし、明らかな騎手後進国のまま。


欧州競馬のジョッキーが、香港で乗ると、違和感がない。

香港競馬のジョッキーが欧州で乗る姿はあまり見かけないが、おそらく、違和感なく溶け込むだろうと思う。モレイラやパートンなど、しっかり溶け込み、そして勝つはずだ。


それは、どちらも「馬群が世界基準だから」である。

日本もこういった状態を目指さなければいけない。

ぶつけた騎手を非難するのは簡単だ。

もちろん、強烈な激突はいけない。

しかし、その一方で——。

ちょっとぶつけられたくらいでフラフラと手綱を引いている騎手の方も、玄人ファンたちは、同時に非難しなければいけないのだ。わかるだろうか。

「引くか引かないか」ではなく「グラつくか、グラつかないか」。

引くか引かない、だと、単に強引さを競っているように見える。

見える、というか、聞こえる。

だが、実際に、細やかな分析をしていて感じるのは、騎手の〝横のアタリの強さの差〟だ。

馬へのアタリの柔らかさの話じゃない。

横からのクラッシュに耐えうる強靭なジョッキーのパワーの話。

つまり、それは「グラつくか、グラつかないか」。

2018年、朝日杯FS。2着のステルヴィオ。

この馬の、〝直線でのイジメられ方〟を見てほしい。

両サイドからあれだけの圧力をかけられて、「挟まれたような恰好にすらならない」のが、クリスチャンデムーロの才気だ。

ギューっと押し出すように、馬の首を馬群に絶妙に突っ込ませ、こじ開けている必見。


かつて、ジェンティルドンナが、オルフェーヴルに2～3回激突して勝ったことが話題となったジャパンカップがあった。

降着制度は、今とは違う、むかしのものだったが降着はなかった。

この時、ノーザンの吉田勝己さんが「これが降着になるなら競馬なんてできないよ」と笑顔で話していたのが印象的だった。

まったくもって、その通り。

この激突を、レースVTRで、見直してみてほしい。

「これはぶつけた方が悪い！」と感じるなら、あなたの競馬観は、世界基準から完全にズレている。いや、競馬と言うスポーツからズレている。

逆に、「ぶつけた方が悪いけど、これくらいよくあること」と感じることができていれば、あなたの競馬観は世界基準と合致している。


そして、視点はこう移り変わる。

ここまで派手に弾き飛ばされるって、弾き飛ばされた側の横の当たりの弱さ、どうなの？？と。


少なくとも。

2013年の凱旋門賞では、レース中、オルフェーヴルがマークされ、何度も内から外から体当たりをされている。

これ、普通なら、どこで手綱を引いてもおかしくないほどイジメられている。

しかし、このおしくらまんじゅうの中、オルフェーヴルの鞍上はどうだったか
そう、スミヨンは、横から当たられても当たられても、まるでフラつかないでいた

CHAPTER5 VOICE

■本音と状況

本音で生きられない男の人生は、地獄だ。

本音で生きられない男には、２つのタイプがいる。

まず、本音の言い争いになると、すぐ負かされるからあえて本音を言わないタイプ。

これはもう、別に本音を言わなくていい。

そもそも、即論破されるなら、その本音は言う価値もないからだ。

問題は次。

本音を言えない〝状況〟にある人。

たとえば、会社員は、会社内のヒエラルキーの中では（上には）、本音をぶつけられないと思う。だが、外注には平気で、本音、もしくは本音以上の罵声もぶつけられる。

こっちは会社だという後ろ盾、つまり力関係があるからだ。

しかし、その男が会社を退職すると、本音で話せることはなくなる。

会社に所属していることをバックホーンにしてきた人間は、単に所属という力で本音を言えていただけだからだ。

もう少し突っ込むと、その会社での活動しかしていないから。

専門性、多動性、共に、会社という後ろ盾を外すと、まるで足りていないからだ。

この例で言うと、僕などは「外注」である。

会社員ではないからだ。

ところがだ。本音全開で生きている。

競馬中継のようなお決まりの見解なんか、間違っても口にしない。

もし競馬中継に出たら、「こんなレース買わなくていいんじゃないですか」という、普通の競馬ファンですらすぐにわかる、ごく当たり前の本音を言ってしまいそう。ということで、競馬中継に呼ばれることはない。呼ばれる必要もない。

僕が会社にとって「外注」なのに、基本的に誰が相手でも自然体で、ニュートラルで、本音で生きていられる理由は何か。

それは、ただひとつ。

専門性と、多動性があるから。

競馬本がダメなら、卓球のスクール運営に力を入れるし、その逆もある。

たまに、ファッションスナップの仕事もやる。

ライター講師としての仕事もあって、大学生がどんな講義ならリピートで講義を聞きに来てくれるかも知っている。彼らがライター講座で聞きたいのは文章の書き方ではない。ＡＩＶＳ人間ライター、といった未来の話だ。

こういったことを身に着けているのも、ひとつの専門性だと思う。

自分で言うのは恥ずかしいが、活動力なら、わりとある方だと思う。

以前、ある編集者から「やる」と言われていた本の執筆を、スケジュールを空けておいたのに、直前でハシゴを降ろされる形でボツにされたことがあった。

こういう時、落ち込む男は、ただのバカ。

こういう時にこそ、活動力が、そう、専門性と多動性が試される。

それは、男としての力が試されているとも言える。

僕は、ハシゴを降ろされた1時間後には、業界の主要人物数名への相談を終え、別な出版社で本を出せそうなところまでこぎつけ、出版OKの返事をもらう3日後には、すでに5万文字強の原稿を仕上げてしまっていた。


そして、その間の全行動の中での会話は、ひとつの駆け引きも媚びもなく、自分の専門能力だけを信じ、すべて「本音」で貫き通した。


男の人生は、3日で逆転勝ちできる。

そんな好例だと思う。

ただし、そのためには、常日頃から爆発的に動き回っていなければダメだ。

そうでなければ、いざという時に何もできない。
専門性、多動性、活動性。それが「男の性能」だ。
それでは最後に、競馬ファンにとって、非常に重要な三行を贈りたい。

地上波競馬中継の解説や見解からは、本音のほの字も感じられない
なぜかというと、彼らがそこにしか自分の居場所がなく、「その状況」が、本音を
封じ込めているからだ

見る価値はない。気をつけてほしい。

■「はい、次」力を磨け

固執しないこと。依存しないこと。
固執する体質でないこと。依存する体質でないこと。

他のことで強い男は、何もかもで強く、当然のように競馬でも強い。
他のことで特技がない男は、何もかもで弱く、当然のように競馬でも弱い。
これが、世の中の原理・原則だ。

向き、不向きはある。キャラ的に合っている、合っていない、ということもある。
だが、基本的に男は「なんでもできる男は、なんでもできる」。そして「何もできない男は、何もできない」。

言葉の響きだけ見れば、当たり前じゃん、と思うかもしれない。

だが、「競馬だけできるようになろう（強くなろう）」と無駄な努力をする男は、意外と多い。わかるだろうか。

極論、毎日、他のスポーツでイキイキとしている男は、競馬でも強いと思う。


強い男は、何でも強い。

実らせ方を知っているからだ。

それは、戦い方を知っているとも言える。

となれば、強くなるしかないわけだ。

男が強くなるためには、専門性を持つことも重要だ。

ヒト・モノ・コトの中で、特に〝ヒト〟を持つこと。

専門性があれば、媚びたり、固執したり、依存したりという、うっとうしい男にならなくて済む。うっとうしい男になるな、ということだ。


「はい、次」力。

これを磨け。

■コミュニティを持つと競馬に強くなる

一人、モテない後輩がいる。

彼がモテない理由は明白で、それは「今、モテていないから」だ。

２０１７年末に、豪華キャストでドラマ化された『僕は愛を証明しようと思う。』でも、この言葉が格言のように出てきていた。

誤解のないように言うと、僕はこの原作小説があまり好きではなかった。ＴＶ版はなんとか普通に見ることができたが。

ただ、この言い回しの意味がわからない人は、『何かで強い人』の根源と本質が、そもそもわかっていないので、『何かで強い人は、なぜ強いか』を、しっかりと見直してみるといいだろう。

わかりやすく言うと「モテる男とは、今、モテている男」ということ。

女は、「今、モテている男」が好きだから、またモテる、ということ。

例外はある。だが、例外は見なくていい。

僕は今、『例外』の話をしていない。

『定理』の話をしている。


後輩くんは「僕は泥臭く生きているモテない男ですが、浮気もしないし、付き合ったら一生大事にします！」みたいな男なのだが、泥臭く生きているモテない男、という点を、まずどうにかすることが必要だ。

女子にすれば、モテない男に一途に引っ付かれていても鬱陶しいだけで、その現象は時を隔てて、「亭主元気で留守がいい」という名言へと発展していく。

女は「自分しか選択肢がない男」が、嫌いで嫌いでたまらない。

そういう風にできている。

「自分以外に選択肢のある男が、自分だけのために時間を割いている状態」を、好む。

そういう風にできている。

それはいくつになって変わらない。そしてそれは、正常なことだ。

何事もそうだが、「それに強いと、さらに強くなる」という現象があるということ。

出会い方が多様化して、男たちに「恋愛格差」という言葉が生まれた現代では、強者はさらに強者にという現象が、どの業界、どのジャンルでも起きている。

そして、ひっつく者に勝利なし、という現象も。


恋愛格差。残酷な言葉だと思う。


妙な話だが、男という生き物は、勝利の余韻に浸ることで、満たされない時期を乗り越えることができる。そういう風にできている。

次の一歩を踏み出す前に、勝利の余韻に浸るのが、本当に好きな生き物だ。

しかし、自分より若い連中と話しているとわかるが、恋愛格差が猛烈に膨らみ、大きくなってしまった今、余韻に浸れる男と、そうではない男の差は本当に大きい。

その証拠に、高額恋愛セミナーや、高額で悪質な恋愛情報商材が、飛び交っている。

そして、それを求めているのは、もう自分ではどうしていいかわからなくなった、ごくごく一般的な、真面目に生きているはずのサラリーマンたちだという。

本項は、そういう男を救う一手にはなる。

だから書く。

モテている男、私は嫌い！という女もいるだろう。かまわない。それはあなたの感想だ。

ただの感想。世の中の定理ではない。

そして定理を知れば助かる、救われる男たちがいることは、れっきとした事実。

今、中年にさしかかったくらいの、真面目に生きてきた多くの日本人の男たちが、余韻に浸れないままでいる自分の人生に、すごく悩んでいるのがわかる。

だからもう一度書く。

〝モテていなければ、モテることはない〟

若い男たちは、この事実を熟考するといい。

競馬力格差。

競馬の世界でも、こんな現象がある。

たとえば、「種牡馬のひと通りの特徴は掴んでいる」とか、「外国人ジョッキーとJRAのガッコウ騎手の差の大きさが見えているか」など。

競馬の見解の発表などは、あくまで、この辺りの基本を押さえた上で成り立つことだ。

こういった基本を押さえた上での見解でなければ、どんどん、トンチンカンなレース見解を放つだけ、といった感じになってしまう。

こういったことは、何か別なコミュニティで休日を遊べば、だいたい解決する。

競馬に入れ込んで、どんどんマニアックになった結果として基本を見落としている男などは、違う世界で活躍すれば、間違いなく「自分のどこを正せばいいか」が見えてくる。

視野を広く持つというよりは、勝手に他人が直してくれる、という感じになる。

いや、他人の目にさらされた結果、「自分をしっかり変えるしかない」という状況に身を置くということだ。

馬券も同じだ。

単複で「控除率約80%・還元率約20%」という競馬の女神様も、固執して毎週、毎週、競馬だけの週末を過ごしている男に微笑むわけがない。

「来月、あの馬だけは買う」。

そう決めて、別なコミュニティで一か月、週末は別なことをして遊んでいればいい。

その方が、勝利の女神は微笑みやすくなる。

競馬の女神も、目の前のパートナーも、「自分以外に選択肢がない男」を、嫌悪するようにできている。

これは、固執する者は失墜するという、当たり前の定理だ。

〝それ〟は、〝それしかない男を嫌う〟

この永久不滅の定理。

動け。男はいつでも、何歳からでも、今日から自分を変えられる。

男は「工場」である。

物作りだけでなく、人を育てることなども含め、何かを〝その手で作り上げる行動〟こそ、男。

作り上げる行動さえやめなければ、あなたは、〝そこらへんによくいるオジサン〟にはならないですむ。

■競馬書籍界の、今

今、競馬書籍業界で起こっていることは、4極化である。

1、競馬を〝しっかりイジれている〟スタンスある読み物。
2、予想本ながら、実在する人物が研究を積んで書いている、ガチのもの。
3、競馬予想詐欺のような本
4、提灯ライター系の本

ケーバブンガクサマの衰退によって、完全にこの4極化となった。
3と4のことは、正直、よく知らない。
1は、僕や、他にも数名、競馬をいじくり回してオモシロオカシク書けている猛者がいるようだ。競馬をきちんとイジクル本が目立っている。堂々としていて、いいね。2は、数は少ないだろうが、真摯に競馬の分析や精査に取り組んでいるなら、僕が好きではない肩書とはいえ、「予想家」と呼ばれる人たちの本であっても、生き残るべきだ。

後進のnige（梅野祐介）くんなどは、その最たる例だろう。彼の競馬力の精度のことまではわからないが、朝方までレース分析をしているような男なので、分析作業に対し、とても真剣だ。こういう男はもっと本を出さなければいけないと、知り合いの出版社にも、最近熱っぽく語ってしまった。

いずれにしても、こういった4極化の中のどれに当てはまるのか、というフィルターをもって、競馬本を読んでもらえればいいと思う。

書店では、競馬というジャンルの書棚はもう瀕死の状態だが、そんな中でも、しぶとく生き残っている本があることも知っていただけると幸いだ。

今、時代は、本質剥き身時代。

たとえば。

クリーンなイメージのタレントがちょっと不倫をしたとか、その時に一気に追いつめられる様子を見て、「今はあまりにも清らかな人を求めすぎだ」という声は多い。

同意する。その通りだ。

しかし、ダメなのだ。

ならば、最初からクリーンなイメージ出てくるなよ、という話だからだ。

肩書に「タレント」とついて、CMビジネスに参入している以上、逆に言えば、ウリはイメージだけで、「イメージを損ねない生活」こそが、タレントの唯一の取柄だからだ。

逆に作家、絵描き、バンドマンなどが、不祥事があっても、少なくとも作品を作る活動を続けられるのは、そもそも〝イメージ〟で売っていないから。「タレント」じゃないから。

要は、世の中が清らかさを求めすぎていることはあっても、売っている物の本質は何か、その男が生み出している価値の本質は何かを問われ、突きつけられているだけだ。

競馬で言うと、本書にも何度か出てくる「俺が調教に乗っていたのに乗り替わりダー！」と怒る騎手などが似ている現象で、いやいや、あなたの仕事は、調教に乗ることではなく、本質的には、むしろレースだけ乗って、レースでガッチリ決めてくることですよ、その面で信頼できる方を乗せるのは当たり前じゃないですか、という話になる。

そう、何度か書いていることだが、出版だけでなく、全業界が今、『本質剥き身時代』に入っている。

■売れる競馬本、売れない競馬本　―本を売れなくしてしまう、いくつかのコト―

本が売れない、だから電子版を出そう、という出版社が増えてきた。

だが、僕が思うに、客層を本当の意味で分けないから、失敗しているだけだ。

電子版と紙の本は、読者層が違う。

それは多くの編集者が口にしている。

確かにその通りだ。同意する。

だから、ゼロ冊だった電子版の売り上げが1000冊になっても、6000冊だった紙の本の売り上げが5000冊になる、という現象は起きない。

それを科学的に証明することは誰にもできないが、僕もマイナス効果は生んでいないと思う。しかし、電子版を出すと、別なマイナス要因が加速する。それは――。

ウワサとレビューだ。


現在も、電子版より、紙の本の方が売れている。

それは多くの編集者が認めるところだろう。

しかしだ。

電子版の読者は少ないが、少ないわりに、やたらとインターネット上に感想やレビューをつけたりするのは彼らだ。

そしてここが重要なところなのだが、紙の本の読者と、電子書籍の読者は、同じ一冊の本を読んでいたとしても、〝脳みそ〟が違う。

電子書籍の読者というのは、基本的には、〝理路整然として、内容がわかりやすい本〟を求め、高く評価する。

「わかりやすかった」という高評価、「わかりにくかった」という低評価をネット上につける。

単純な料理メソッド本や、単純なダイエットメソッド本、単純な馬券本なら、その評価は、紙の本を買う読者にもマイナスに作用はしない。

日本という国は、諸外国とは違い、紙の本を買う客層の方が圧倒的に多い。本が好きだからだ。

だが、ここからは僕の感覚でもあるのだが、多くの膨大な若者のプライベートの時間と接してきた結果わかった、大きすぎる事実が、ひとつあるのだ。

それは——。

『大型書店で立ち読み後、レジへ持っていく前に、その本のレビューやブログでの評価を一応ググッてみて、本を買うか決めている』ということだ。

わかるだろうか。

電子版は買ったことがないけれど、紙の本はたまに買う、そんな人達も、レビューや評価ブログだけは、買う前に見る。

なるべく損をしない買い物をしようと、一度そこで、冷静になる。

たとえば、お祭りに行くと、ヨーヨーを買うだろう。

だが、普段、毎日寄るコンビニでヨーヨーを売っていても、買わない。

これが、「そこに行った証を何か買って帰る〝お土産を欲する原理〟」だ。

同じような考えの方だと、キングコングの西野さんが、著書の中で、本は物質であることが大切だと書かれていた。だから電子版に興味がないとも。

〝本をお土産化〟できないからだ。

僕の考えも、まさにそれと同じ。

僕は「本屋さんに行ったお土産」に、自分の本を買ってもらいたいと思って、そうなるように、文章を書いている。

だから、文章を解体して、バラッバラにしたり、次のページをめくり、最後まで読まないと何が書いているのか、わからないようにすらしている。

その上で、次のページを絶対に開きたくなるようなキラーフレーズを散りばめている。

しかし、電子版の読者が、たとえば「言いたいことがよくわからなかった」と低い評価をつければ、リアル店舗で紙の本を買う読者が、本屋のなかでスマホでググった瞬間、その本を買うという購買欲が、さすがに失せるのだ。

今から自分は、「わかりにくい」と言われている本を買うのか……と、さすがに買う気が失せる。本当は、自分とは全く違う志向の人種が書いた感想なのに、だ。

せっかく、立ち読みで、表現力で、読者を惹きつけたのに。

これはもったいない。

わかりやすいから買う、わかりにくいから買わない、なんていう視点では買おうと思っていなかった人が、買うのをやめてしまうのだ（小説を除く）。

僕は、自分の本のレビューを見ることはない。

他人の本のレビューも見ない。

それは、〝出版業界の仕組み〟を知っているこちら側の人間だからだ。

だが、僕だって、もしも出版の人間ではない読者側だったら、違うかもしれない。

今、レビューを見ないで本を買う人は、あまりいない。

食べログを見ないで外食をする人も、あまりいない。

繰り返すが、単なるメソッド本なら「わかりやすい・にくい」もいいだろう。

だが、あくまで作家が文章を売る場合になるが、電子版の同日発売は、紙の本をお土産化するための、邪魔になってしまう。


そうか！本当に余計な買い物をしなくなって、それは合理的！

と、感じるだろうか。

世の中には、〝冷めたら、本当はいらなかった〟や、〝冷めたら、本当はやらなかった〟というモノが、たくさん、たくさん、ある。


本当は買わなかったハズの……お祭りのヨーヨー。

本当は買わなかったハズの……修学旅行の木刀。

本当は買わなかったハズの……旅行中の東京ばなな。

本当は買わなかったハズの……北見市のハッカ飴。

本当はしなかったハズの……盆踊りのダンス
本当はしなかったハズの……スポーツでのガッツポーズ
本当はしなかったハズの……酔って抱かれた女のSEX。

無駄。だが、それが人生のフックでもある。

なんでもかんでも合理的にしてはいけない。

楽しさまで削ぐ行為は、「楽しむうえでは合理的ではない」のだから。


電子版は、入院中の病棟などではかなり必要で、不必要なものではない。

それは僕も体験済みだ。

なので、出すなら、紙の本の出だしがハケてから。つまり、紙の本の発売から1〜2週間遅れてリリースという形が、現状のベストタイミングだと思う。

時代に合わせて電子版を同時に出すのではなく、時代に合わせて電子版は少し後で。

それがベストだ。

■作家のヒエラルキー

競馬本について、もう一筆。

僕は、著作が多い作家だと思う。年間で、ビジネス書を1～2冊、競馬本を3冊くらい書き下ろすことが多い。すべて、記名原稿だ。

作家とすれば普通だが、競馬本の出版としては多作な方らしい。そのため、競馬本には、やや内容が重複しているように感じられる箇所もあるかもしれない。

だが、僕は騎乗などにおいて本質を見抜きながら書く。競馬の場合、新聞や雑誌では、それをまず見かけないので、何度書いても際立つ。

なるべく新ネタで書いているつもりだが、内容が重複しているなぁと感じることがあれば、申し訳ない。その時はスルーして、また次作にでも期待してほしい。お、これはいいなと思った時だけ買ってもらえたら、うれしい。

競馬に限らず、いろいろと思い違いをしている読者は多いと思う。作家達には、大きなヒエラルキーがあって、最上部『著作の単行本を次々に出せる作家』『雑誌の原数数本で食いつなぐライター』『仕事がなくてネットコラムにありつくライター』。

こういった具合だ。

有名雑誌で、たくさん記事を書いていると、一見優秀に見えるかもしれないが、一本いくらだろうか。

蛭子さん（漫画家・蛭子能収氏）が、テレビで「俺の漫画は1ページ一万五千円」と言ってしまっていた。

言っていいのかよ！と笑った。さすがは蛭子さんだ。

原稿料の話は一応の禁句だし、雑誌によっても違うからここでは書かないが、蛭子さんの話から察してほしい。

著作物よりは安く、そのうえ締め切りに振り回される暮らしになることは想像できると思う。


何本もの締め切りに追われながら、上がり目もなくスレたおじさんに、といった感じに落ちていく。

僕はそれが嫌だから、単行本を優先し、ネット原稿はあまり受けない。

ネットコラムは、本当に書きたいと思った媒体での仕事だけをしている。

ただし。僕の場合、単行本とて、すべてギャラが良いわけではない。

中には、全然、割に合わないギャラの本もある。

それでも作る。

著作物は歴史に残る。

一匹のパンクス、作家自身の声だけを聞きたい！とファンが熱望してくれている証でもあるからだ。

稀に、芸能人や有名人のことを書いて自著を出すウルトラCみたいな著作物もあるだろうが、その仕事の本質はゴーストライター。

ゴーストライターには、素晴らしい腕を持つプロのゴーストライターがいるから、本当なら、そちらのプロがやるべき仕事かもしれない。


以上だ。

単行本を最優先する気持ちを、少しでも理解してくれればうれしい。

僕は、最前線にいたいのだ。

最大手の出版社から定期的に本を出せる人は、僕よりさらに上にいるのかもしれないが、最大手は出版物が大すぎて、書き手たちもいつクビになるか、わからない。

中堅~大手の専門性に特化した出版社の方が、僕のような『ひとつかふたつの専門性に秀でた作家』を大切にしてもらえるし、お互いの意思疎通も上手くいき、結果、本の質も上がる。

少なくとも僕は、著書で自分の見立てを書き、いくばくかのファンが、その話を聞きたがってくれる。

価値があると、耳を傾けてくれる。
うれしい。
とてもありがたく、書いている。なんだか涙が出るほどだ。
一緒に、最前線を作ろう。
僕は競馬以外の本も書ける。
強みだ。
それにより、僕についてきた競馬ファンの地位が、向上する可能性だってある。
ならば矢面に立とう。
向かい風の中で。
さぁ、作ろう。

■「いかがなものか」は、いかがなものか

僕は競馬の文章において、わりと徹底していることがある。

それは、「いかがなものか」という言葉を使わないこと。

自分で〝いかが〟かわからないことは、書かない。

競馬物書きは競馬力が全て。

そう信じ、いや、確信しているから。「いかがか」と思うことは書かない。


すべての物書きは、紙の本を出したがる。

それは、2018年現在、物書きという職種はネット媒体のコラムより、紙媒体の方がギャラがいいからということもあるが、それだけではない。

ギャラだけで物書きになる者はあまりいないのだ。

こんなに割に合わない仕事はないからだ。

やはり、物書きは、後世まで〝残す〟ための本を出したいのである。

ブログのアクセス数など、ネット媒体で成功したら本が出せる、という序列を見てもわかる通り、紙媒体のマスベースの書籍が、現在では、まだ「上」となっている。

では、物書きは、どうすれば本を出せるのか。

年間で、著書が2～3冊も出ない物書きはいったい何なのか、という話になる。


著書を出せるかどうかは『企画』では決まらない。

『その人が前作でどれだけ売れたか』で決まるのである。

他社で出した本で利益が出ているな、ある程度は支持してくれるファンがいるのがわかるくらい売り上げが安定しているな、と編集者が分析した結果、本が出せる。


では、それなりに安定した結果（売り上げ）が出ている著者とは、何なのか。

答えはひとつ。

競馬本の場合は、〝競馬の見解が優れている著者〟だ。

競馬本の場合、どんなに好かれていても競馬の見解がカラキシだと読まれないし、どんなに好感度が低くても、競馬の見解が抜群だと目を通してみたくなるもの。だから僕は断言する。「競馬本は、競馬力」が最も重要だと。競馬力が最も重要だから、「いかがなものか」と思うことは、文章にしない。いかがか見抜けたら、見抜けた時に書くと。

■興味がない物を遮断せず、皮膚感覚で合わない人を遮断せよ

皮膚感覚で合わない人とは、いっさい付き合う必要はない。
これは重要なことだ。

僕の場合、子供の頃から、自分は好きなことの世界でイニシアチブを取ってセンターに立つタイプだと自覚している。

なので、その〝開拓者キャラ〟を認めてくれない人とは、付き合わないようにしている。

良くも悪くも、開拓者として、僕を前面に出してくれる人と付き合う。
その方が物事はスムーズに行くことを理解してくれている人と付き合う。

僕を前面に出すと上手くいかないと思っている人とは、付き合わないということだ。

結果、これまで作り上げた著作は、49冊。上手くいっていると思う。


趣味も卓球のクラブチームを作り、今はスクールも開校。大した規模ではないが、それでも多くの子供が集まる環境を維持している。

それもこれも、僕を前面に押し出してくれる人としか付き合わなかった結果だ。


一方で、興味がないものを遮断しすぎるのはよくない。

ここを勘違いしてはいけない。

どんなものでも、〝流す〟程度でもいいから、特に最先端のものには、一度は触れて使ってみて、どれほど有能かを確かめる必要がある。

そうしないと、人生を、前に進めていけない。

無理をする必要はない。

セールスなども遮断でいい。

要するに、単に時代の先端を掴みながら生きようということだ。

音楽のダウンロード販売よりも、CDよりも、まだアナログレコードの方が好きだという人は「ダウンロード販売の音楽は聴いたこともない」わけではないのだ。アナログの方がいいと思うから、それを貫いているだけだろう。

アンテナを張れ。

常に、新しい物に。

20代なら、最高の30代を作ために。

80代なら、最高の90代を作るために。

たった5年、10年先の、この世を愉しみ切るために。

■勝った話しか覚えていない〝おっさん化〟現象

おっさん化すると、「自分が勝った話」しかしなくなる傾向がある。
勝負事の中でも、特にギャンブル系の話ではそれは顕著になり、株、そして馬券、ならびに一口馬主など、とにかく自分が勝った話しかしなくなる。

いつも僕の髪を切ってくれる理容師が、ある日、こんなことを言った。

「ここの道を真っすぐ行ったところに、行ったら、卵とトイレットペーパーをくれる詐欺の場所があるの、知ってます? 最終的に洗脳されて、高級布団を売りつけられるという。」

「あ、聞いたことあります、それ」

「そこに通っていたおっさんが、前にウチで髪切ったんですよ。」

「へぇー。」

「あーいうところに行かないほうがいいですよ、って言うと、俺は卵とトイレットペーパーをもらって、騙されることなく、帰ってきて、上手くやっているんだ、って、得意顔で。」

「へぇー」

「俺、考えたんですけどね、そういうおっさんって、自分の人生で上手くやれている瞬間がそれ以外にないから、あんな場所に騙されていくんだと思うんスよね」

「あぁ、なるほど」


個人的には、あまり、勝った話ばかりをしたり、〝上手くやれた回数〟自慢は好きではない。

ただ、そういう話になる場合、僕は「負けた回数」の方を重視する。

その方が、本質が見えるからだ。

本質だけではなく、勝っているのかどうかまで見える。

競馬の世界では、ずいぶんとこの定理が当てはまる。

いずれにせよ、自分の人生の中で、〝上手くやれているのが競馬しかない〟という状態だけはいけない。

そうならないため、日々、様々なシーンで活動をしてほしい。

■お金では買えない、たった一つの才能

女子を選ぶ際のコツを教える。

男が読む本なので、1つくらいこんな項目もいいだろう。

今の時代、という言葉は好きではないが、あえて使えば、今の時代に本当に素晴らしい女子を選ぶためのコツは、2つだ。


デキる女とやらを、目指さない女。

そして何より、「今の時代は」と、言わない女。

これだけだ。この2つにフォーカスして選ぶといい。

理由は簡単。「デキる」とかいう目標設定は、ボヤけすぎていて、どうなりたいのかまるでわからない。ゴールがない。つまり、達成したかどうかがわからない。

まるで実感が得られず、結果、ただイライラする未来が待っている。僕は、そういう女を腐るほど見てきた。

「今の時代は〜」の方は、これまでも何度か書いているのだが、「新しい・古い」という言葉で、物事を見てはいけないということとリンクする。今度はこっちが新しい、今度はあっちが新しいと、次から次へとコロコロ変わり、男たちや周囲を疲れさせるだろう。

日本人の女は、おくゆかしくて優しいから、世界に誇れた。

だが、「今の女は」という言葉を使いだす層から、その自らの良さを削いでいった。

流行に流され、終わりのない迷路に迷い込んだようになり、結局、目指す到達地点がハッキリしていないから、イライラする。

結果、優しさが削がれていく。

そう、先に書いた2点の矛先は、「その人の優しさを測る目安」だ。

ここで僕は、たった一つだけのことを断言する。それは……。

優しさとは、才能。

これだ。

カネ持ちになっても、優しい心は買えない。綺麗な服を着ても、優しい心は作れない。流行に乗っても、人の心の優しさは引き出せない。

優しい心を持って生まれたこと。

それは、あなたの才能だ。

その優しい心という才能を、汚さないように大切に守っている女を選べということだ。

そしてまた、選ぶあなたも、優しくなければいけない。

この競馬に関係ない余計な話はまだ続くのかって？

優しくなってください。

少し話が脱線してしまったが、流行に流されると、人生の行き先が不明な状態になる。

これは男も女も同じだ。

男でも、流行に流されている男はダメだ。

女性は年を重ねると、突然「穏やかな人が好き」とか言いだして、20代の時とは好みが変わってくる人が多いが、多くの女性がこの「穏やか」というファクターから入って男を選んで、「穏やかな無能」を選んでしまい、最終的にイライラして離婚率は上がっている。

本書は女性が読む本ではないが、あなたは周囲の女性に、こうアドバイスしてほしい。

「専門能力というファクターから入って男を選んで、ギリギリなんとか穏やかな人」という落としどころを見つけた方が、最終的に続くと。

ただし、あなたが優しい人ならね、と。

あなたに深い優しさがあれば、それで男女は噛み合うと。

そしてそれは、人それぞれなことではなくて、意外と不滅な、人間の本質だと。

たまに、女性に優しさを求める日本人の男ではなく、自分の性格がバレなさそうな、やや鈍感な外国人の男とあえて結婚するケースもある。

そういった現象の際によく聞かれるのが、『女性に優しく、育児休暇に寛大で、福祉抜群な国家、スウェーデン最高』とか、『お世辞でも挨拶代わりに褒めるイタリアは、どこよりも心地よい』などだ。

本書の読者は、知っていると思う。

褒めて、褒めて、女を褒めて、結局仕事をしないイタリア人が運営するイタリア競馬が、悲惨な経営状態にある現状を。それがイタリアの象徴なことも。

そのことから見ても、イタリア人の男は最高！などと言われても、あなたは騙されることはないだろう。褒めるだけで一日が終わってるんじゃね？くらいの感覚だと思う。

ただし、イタリアの男は、騎手の才能だけは抜群だ。これも同時に知っているはず。


いたるところで暮らしやすい国の象徴だと言われる、スウェーデン。

食器や町並みなど、美しい国だ。

この国は、僕にとってはワルドナー＆パーソンという、卓球の世界における２人のカリスマの国でもあるから、スウェーデン自体はむかしから好きだ。

しかし、ここでは話が別。

スウェーデンは、近年、離婚率世界一位、性犯罪率世界二位になったこともある国だ。

男女平等はいい。だが、「平等」を「男と女、なんでも同じにする」のは違う。そこを勘違いして、パパが育児休暇を取りまくった結果、案の定、みんなイライラして犯罪と離婚がドッカドカいう、大変滑稽なことになっている国ということになる。ほら、行動力のない男は、最終的に周囲をイライラさせる。

ちょっとのことでも性犯罪にキッチリとカウントしてくれる女性に優しい国だからだ！という見方も多そうだが、では、今の日本はどうなのか。冤罪も多く、マジメなサラリーマンは痴漢冤罪が恐くて手を挙げて満員電車に乗っている始末。日本も十分、厳しい。

スウェーデンの離婚率が高いのは、サンボという「同棲」を指す概念があるからだ。サンボマスターじゃないよ。サンボ。そして、そのサンボからの別れも「離婚」の中に含んでいるから、率が高くなるだけだと言われている。

なるほど。じゃあ、子供はどうするんですか？となる。

1週間おきに父と母の家を行き来するから離婚後も子供は寂しくないのです！とい

う話がまかり通っているらしいが、それは男目線or女目線という、ただの「自分目線」であって、だいぶ物心がついてからも、まだお父さんと二人きりで一週間暮らすとか、それが男の子だった場合、普通に考えて子供にとっては「かんべんしてくれ……」のひと言だ。


あなたは、今でも生き残っている、日本の優しい女性を探すことだ。

旦那がクズみたいな男だったケースは当たり前だが男が悪い。話が別。

だが、そうでなければ、子供のために離婚してあげなかった昔の日本の女性の方が、「優しい人間」だ。

なぜか。

男目線ではなく、女目線でもなく、子供目線だからだ。

先日、ある女性にこの話をしたら、すごく納得してくれていて、僕は日本の女性にも、まだ、優しいとは何かを知っている人がいることを知り、誇らしく思った。

いるのだ。きちんとした女性は。

日本に。いや、日本にこそ。

本書の読者の男には、そういう人に巡り合ってほしい。

あなたは、「いや、俺の周囲にはなかなかいない……」と思っているはず。

だが、違う。そういう人は、〝声高らかに何かを主張しない〟ものだから、あなたが、気がつけていないだけ。そこに気が付くことだ。

そう、気が付いていないだけ。必ずいる。


しかしある意味では、今度はこっち、今度はあっちと自分目線のまま流されていく『〝今〟の女』を自負する女性には、スウェーデンあたりはピッタリな国かもしれない。

スウェーデン行ってください。

まるで子供目線から見ていないその生き方は、せっかくあなたが生まれ持った才能である、『優しさ』を削いでいる。

男にやらせるとか、女にやらせるとか、男から自立することが子供より大事とか、同時に2つも3つもやる方が便利だとか、そんなことばかり考えて、どうしたら合理的に行くのかという視点しかないのだろう。

世界はそれを、愛と呼ぶんだぜ？

ずいぶん自分勝手な愛だな。

なぜ本書に、こんな女子を選べという項目をねじ込んだか。

それは、競馬というコンテンツが、もはや世の中から、かまわれていないコンテンツだからだ。自分の趣味のひとつに競馬がある、と言っただけで、女子から嘲笑される経験をしたことはないだろうか？

ない？

それは、会話をした女子の数、あなたの経験値が少なすぎるだけだ。

あなたは、優しさを失っていない女性だけに競馬の話をし、競馬の話をしているけれどオールマイティーでバランス感覚もある男だということも、話さなければいけない。

相手を間違えず、そこをバランスよく話せば、競馬人気の復活、というか、競馬が一般人にとってどうでもいいコンテンツではなくなる、そんな現象の一端となる。

優しさが、優しさに触れ、その狭間に競馬がある風景。

僕らは何度でも言うだろう。

ただ、黙って、ありがとうと。

ダノンメジャーに。

ニュータカラコマに。

ありがとうと。ごめんねと。そしてまた思い出し、ありがとうと。

そんな言葉や優しさが、広がり、広まり、少しずつ、本当にほんの少しずつ、小さな波を打つように、競馬が一般層にまで、認知されていく光景。

自分を磨き、自分を変える、そんな男たちだけに許される、花が咲くように笑顔が咲いて、それが連鎖する眩い情景。

それはあまりにも果てしなく、それはあまりにも美しく、優しさの絵の具をこぼして作る、まるで気高き名画のように。

続く、永遠の理想のように。

その鮮やかな光の渦を、確かに感じた瞬間のこと。

世界はそれを、愛と呼ぶんだぜ。

あとがき

最後までお読みいただき、どうもありがとう。

真夜中。よい頃合いになっていれば、幸いに思う。

真夜中。今この世で生きているのは、俺と月とあなた。そんな時間のままの、今という渦の中で。

なんだか、いつも、〝イキっている自分〟を打ち出してきたような気がする。

イキっている人というのは、ソイツが上手くいっていると「なんでアイツが！」とチャチャを入れたくなるし、そいつが滑って転んでいると「指を指して笑いたくなる」からだ。

駆け出しの頃、僕はよく、編集者にこう言って回った。

「名誉はいりません、ステータスもいりません、自分がパンダ（客寄せ）になりますから、上手に使ってください」

その意味がわかった編集者は、僕を板の上に乗せ続けた（著作を書かせ続けた。）。その意味がわからなかった編集者は、「競馬はおまえが主役ではないんだよ」と言った。

しかし、数社で書かせてもらっている間に、僕は肝心かなめの「競馬力」を磨き続け、いくばくかの飛躍をさせてもらった。

結果的に僕は、〝ソコソコ優秀なパンダ〟になったと思う。

そう、僕が勉強と研究を重ね、競馬力という武器も兼ね備えた始めた頃、「ウチの出版社は、このパンダをパンダにしてよかった」と、誰かが言っていた。

僕はそれを、誉め言葉だと受け取った。

2018年は、樹木希林さんの死去というざんねんなニュースがあった。

慌てず、騒がず、「生きる・死ぬ」ということに、独特の感性と、達観した美意識があるように見える方だった。
生死の達観。僕には理解できないが、かっこいい方だった。それは間違いない。
いろいろなかっこよさがある。
人間はみんなかっこいい。
ただ、僕は、違うかっこよさを追いかけ続けたい。
違うかっこよさを持って生きたい。
僕は、自分が死ぬ瞬間まで……。

わめきちらしていたい。

僕は、「何かを成し遂げた話」には興味がない。
成し遂げようと動いていない男の話にも興味がない。
「成し遂げられなかった結果」を、恥とも思わない。
「今、やっている男」ということを、何より大切にする。
最後に、僕が一番好きな名言を2つ記し、本書を締めたい。

名言としてはあまりにも有名すぎるし、僕よりずっと上の世代に支持されてきた言葉であるから、今の若い人は知らないぶん、少し気恥ずかしいが。

「トライすらできない奴が、やっている人間に何を言えるっていうんだ?」

(ジョー・ストラマー)

「今なにやってんだよって話じゃん。元総理とか。元総理って、ただのジジイじゃん。」

(甲本ヒロト)

真夜中。さっきまで空を覆っていた、あの黒い雲はとうに消え、丸い光のグレープフルーツムーンが放つ、眩く甘美な月光が、書斎に入り込んでくる。

わめこう。誰にもかまわずに。

真夜中。今この世で生きているのは、そう、まるでこの月と、俺だけかのように。

本島修司

■プロフィール
本島修司

北海道生まれ。文筆家。大学在学中にデビュー。

パンクな筆致と、独特の感性から繰り出される洞察力が話題に。

中でも、強烈なカリスマ性を放つ競馬論が、若いファンを中心に多くの支持を受け、日本の競馬書籍界を牽引。

近年は人生論エッセイも上梓し、注目を集めている。

主な著書に『自分だけのポジションの築き方』（WAVE出版）、

『競馬 正しい勝ち方』（KKベストセラーズ）、

『競馬 勝者のエビデンス』『合理主義競馬』『競馬 勝つための洞察力』（ガイドワークス）、

『一読するだけで血統力が上がる本』（東邦出版）、

『この知的推理ゲームを極める。』『Cafe' ドアーズと秘密のノート』（総和社）

など。

■本島修司 公式ホームページ
http://motojimashuji.com/

■本島オフィス 公式note『write A creation』
https://note.mu/motojimaoffice

Produced by SHUJI MOTOJIMA

Edit Assistant by YADA

Keiba Aloof Best Theory Note —競馬、孤高のセオリーノート—

2018年12月15日 初版第1刷発行

著　　者　本島 修司
発 行 者　竹下 武志
発 行 所　株式会社 総和社
〒162-0807
東京都新宿区東榎町4 神楽坂グリーンランドビル3F
TEL 03-3235-9381（代表） FAX 03-3235-9387
印刷・製本　有限会社 コロンボ

ISBN978-4-86286-088-0 C0075 ¥1500E